# Einleitung

Man wird geboren und verachtet von Anfang an
das andere Geschlecht, nur weil man(n) es nicht
verstehen kann und mit dem zunehmenden Alter
dann nicht verstehen will! Doch kommt man dann
ins Teenager-Alter, träumt ein jeder Junge davon,
einmal ein Frauenheld zu werden. In diesem
schwierigen Abschnitt des Lebens begegnen wir
meistens unserer ersten großen Liebe und
wünschen uns natürlich, sie sogleich erobern zu
können. Wie niederschmetternd ist die
Ernüchterung, dass es nicht sein soll und in den
folgenden Jahren auch nicht anders wird. Nun,
meine Geschichte hat genau so begonnen ...
Doch ich habe aus Erfahrungen, Fehlschlägen,
Misserfolgen ... aus dem Leben gelernt.
In diesem Buch möchte ich dem Mann einen Weg
zeigen, mit den Frauen umzugehen, und wie man
ihre Herzen gewinnen kann.
Alle Frauen lieben Schmuck, doch jede in einer
anderen Art der Zusammensetzung, die einen
mögen Weißgold mit Zirkonia, die anderen Silber
mit Opal besetzt, wieder andere bevorzugen reines

Gold mit Diamanten usw. Genauso verhält es sich bei den Männern, mit der richtigen Komposition der Charaktere kann jeder, wirklich ein jeder, das Herz einer Frau gewinnen. Kein weibliches Wesen wird voreingenommen nur das Äußerliche betrachten, das unterscheidet uns schon einmal stark von ihnen, sieht sie dann in Ihre Persönlichkeit, so wird sie Gefallen und Interesse an Ihnen finden.

Hierbei muss ich anfügen, dass meine Tipps und Ratschläge nicht für Machos, Aufreißer oder solche sind, die Frauen nur als Trophäe betrachten. Dem anderen Geschlecht sollte man Respekt, Anerkennung und Ehrfurcht erweisen.

Ich will den Männern nur helfen, selbstsicherer zu werden und Fehler, die ich selber gemacht habe, zu verhindern – Fehler, die manches Leben zerstören können.

Ich bin der Überzeugung, jeder Mensch, ob Mann oder Frau, hat die Chance, seine große Liebe, von der er seit seiner Kindheit geträumt hat, zu bekommen. Doch möchte ich jeden davor warnen, zu viele Variationen auszuprobieren, sonst hat man eines Tages Zweifel, ob man überhaupt noch lieben kann oder gar weiß, was Liebe bedeutet, denn Tag für Tag sterben diese Gefühle ab!

Ich möchte hierbei ausdrücklich erwähnen, dass ich auf die Meinungen von Psychologen, Psychiatern, Verhaltensforschern oder sonstigen Menschen mit einem Doktortitel pfeife! Nichts wurde aus der reinen Theorie gegriffen, es entstand durch Erfahrung, nicht etwa durch einmalige Erlebnisse, vielmehr durch immer wiederholende Gegebenheiten des Alltags.

Ich berichte Ihnen bewusst frei von der Leber und nicht so kompliziert aus theoretischer Psychologie-Unterweisung, dieses Buch schreibt das Leben selbst.

Die Menschen trauen sich heute einfach nicht mehr, sich gegenseitig anzusprechen und dadurch verlieren sie alle Möglichkeiten, der wahren Liebe ihres Lebens zu begegnen.

Nehmen wir einmal an, Sie treffen eine Frau unverhofft oder Sie begegnen ihr täglich oder wenigstens regelmäßig wie zum Beispiel Ihrer Ärztin, der Nachbarin oder einer Kassiererin eines Ladens. Sie sehen sich gegenseitig an und sie beginnen Interesse für die bezaubernde Unbekannte zu entwickeln, vielleicht hegt sie sogar dieselben Gefühle für Sie.

Doch Sie haben beide Angst, den anderen

anzusprechen, vielleicht aus Furcht vor einer Abfuhr, einer Peinlichkeit oder verletzt zu werden. Jeder von Ihnen beiden denkt genau dasselbe und trotzdem kommt es zu keiner Annäherung und eines Tages verliert man sich aus den Augen. Es hätte die große, die richtig einzige Liebe sein können, leider ist man an seinem Glück vorübergegangen, weil keiner den Mut hatte, den anderen anzusprechen.

Dazu kommt auch, dass die Menschen zu unsensibel sind, jeder Mensch, ob Mann oder Frau, kann sich glücklich schätzen, wenn es jemanden gibt, der sich für einen interessiert. Man müsste sich eher geschmeichelt fühlen und trotzdem erteilen die meisten Angesprochenen dem anderen eine rabiate Abfuhr, kurz und schmerzhaft wie zum Beispiel: "Verschwinde!" oder "Was soll ich denn mit dir!?". Stattdessen würde es doch viel netter klingen, wenn man zur Antwort bekommt: "Ich fühle mich geehrt, habe aber leider kein Interesse, danke." oder auch "Tut mir wirklich leid, trotzdem danke."

Solches Entgegenkommen gibt uns wieder Mut in unserem Handeln und nimmt uns die Ängste vor einer weiteren Enttäuschung beim nächsten Mal. Auch wenn sie Ihr Interesse nicht erwidert, ist das sicherlich unangenehm und enttäuschend für Sie selbst, dennoch sind Sie sich so sicher, dass das große Glück nicht einfach so an Ihnen vorbeigerauscht ist und Sie nur tatenlos danebenstanden.

Ich bin davon überzeugt, dass keine Frau und kein Mann länger als zwei Wochen ein Single bleibt, würden die Menschen offener aufeinander zugehen!

*Kapitel 1*

## <u>Meine Person</u>

Meine Kindheit verlief eigentlich nicht anders als die von Millionen anderen auch, ich war kein Mädchenschwarm und in der Schule ein mittelmäßiger Schüler. Die einzigen zwei Jugendlieben gingen wegen Dämlichkeit und Unerfahrenheit zu früh in die Brüche. Erst als ich aus der Schule kam und in die Lehre ging, begann die Wende und ich fing an, mit jedem Mädchen auf Teufel komm raus zu flirten, lernte schnell aus jeder falschen Situation und schliff mich mit jedem weiteren Versuch neu zurecht.

Ohne es wirklich zu ahnen, entfachte ich eine Wirkung auf Frauen, und ohne es zu wollen, konnte ich völlig hemmungslos und offen mit jedem weiblichen Wesen flirten.

Dies war nie einer meiner Träume, so zu werden, vielmehr wurde es mir einfach verspätet in die Wiege gelegt. Ich habe ganz natürlich nur aus dem Leben gelernt und heute bin ich in der Lage, jede unbekannte Frau anzusprechen, mit ihr zu flirten und ihr die waghalsigsten Komplimente zu machen und nicht mit Stolz, sondern mit Glück kann ich von mir behaupten, die ganze Zeit noch nie eine Abfuhr bekommen zu haben.

Es besteht ein Zustand, bei dem Sie, nicht gleich ein perfekter, jedoch ein beinahe vollkommener Mann werden können, und das ohne auszusehen wie ein Adonis. In einem Zustand, in dem keine Frau Sie mit einem Augenaufschlag oder einem Lächeln betören und irritieren kann, in dem Sie keine Frau, sei sie noch so aufreizend angezogen, aus der Ruhe bringen kann und hat sie noch so einen vollkommenen Body im Badeanzug, es lässt Sie sichtlich kalt, Sie beachten es gar nicht mehr. Stellen Sie sich vor, Sie laufen durch die Straßen, durch die Menge und eine Frau, so makellos und hübsch wie Gott sie schuf, läuft an Ihnen vorbei und alle Männer blicken sich nach ihr um. Sie nicht, Sie sind der Einzige, der das nicht tut, denn Sie stehen über der Situation, über dieser männlichen Emotion, der primitiven Art des Mannes, in jeder Frau das Sexobjekt oder die nächste Beute zu sehen. Nun sind es nicht mehr Sie, der den Damen nachschaut, sondern jetzt schauen sich die Frauen nach Ihnen um.

Es gibt Tage, an denen ich durch die Straßen und

die Menschen gehen kann und jede zweite Frau sieht mich verzückt an oder lächelt mir zu. Irritiert kontrolliere ich mein Äußeres, ob etwas nicht in Ordnung ist. Nichts, kein Flecken auf dem Pullover, keine Hose offen oder etwas anderes Peinliches – und doch diese Aufmerksamkeit des anderen Geschlechts. Bis heute weiß ich nicht, warum dies so ist, vielleicht ist es ja nur Einbildung und gewiss erleben das noch Tausendende auch, aber ist es nicht schön, träumen Sie nicht auch von so etwas?

Unmöglich und absurd, glauben Sie? Nein, absolut realistisch, es braucht nur drei Dinge dazu: Selbstvertrauen, Menschenkenntnis und Verständnis für das weibliche Geschlecht.

Doch alles Gute hat seinen Preis, dazu jedoch später.

## Kapitel 2

## **Die Grundregel**

Betrachten Sie zuerst jede Frau als Menschen, nicht als Objekt der Begierde, nicht als einen weiteren Strich auf Ihrer Abschussliste oder als untergeordnetes Wesen, das zu gehorchen hat, wie es in prähistorischer Zeit einmal der Fall war. Betrachten Sie sie als gleichwertig, als Respektsperson, als etwas Einzigartiges, das in Ihrem Leben schließlich irgendwann das Besondere werden soll. Merken Sie sich immer, jede Frau liebt Komplimente, nicht falsche oder geheuchelte, sondern wirklich ehrlich gemeinte und sie können durchaus auch ein wenig übertrieben klingen, solange es nur Ihrer Wahrheit entspricht.

Hören Sie ihr immer, wirklich immer zu!
Ich erinnere mich stets gern an eine kleine Situation, die ich erlebt habe: In einem Gespräch mit einer Bekannten kam zur Sprache, dass jene ein Morgenmuffel sei. Zwei oder drei Jahre später erwähnte ich diese Eigenschaft ihr gegenüber und

derart erstaunt fragte sie mich schließlich, woher ich denn dies wisse und als wäre es das Selbstverständlichste auf der Welt, antwortete ich ihr:"ICH HÖRE DIR ZU"!

Sprachlos mit leuchtenden Augen erwiderte sie, dass es schön sei und dass man so etwas von einem Mann gar nicht mehr gewohnt sei.

Neben den drei wichtigsten Wörtern "ICH LIEBE DICH" sind diese vier "ICH HÖRE DIR ZU" wohl die bedeutungsvollsten im Leben einer Frau.

Wenn Sie dies stets beherzigen, haben Sie die Hälfte des Weges schon geschafft. Es ist wissenschaftlich bewiesen, dass Frauen und Männer unterschiedlich denken und fühlen und Dinge ganz anders sehen und interpretieren. So sehen zum Beispiel Frauen in einem Bild etwas ganz anderes als der Mann. Frauen parken anders ein, lesen Bücher auf eine andere Weise oder sind in Bezug auf Planung unterschiedlicher. Warum ich Ihnen das alles erzähle? Nun, Sie sollten nebenbei auch lernen, in das Denkvermögen einer Frau einzutauchen. Sie ist nicht Ihr Gegner oder Ihr Feind, sie sollte ein Teil von Ihnen werden, also auch ihre Gedanken. Sehen Sie einfach einmal die Dinge aus der Sichtweise einer weiblichen Person und die Annäherung fällt Ihnen dann sichtlich leichter, vor allem weil sich die Frau verstanden fühlt. Diese Vorstellung klingt zwar etwas beängstigend, doch haben Sie keine Furcht davor, mit der Zeit tun Sie dies ganz automatisch, denn es ist ein Teil des Lernprozesses.

Haben Sie auch nicht das Gefühl, dadurch typisch unmännlich zu wirken, denn das Zauberwort heißt hier immer noch "GEFÜHL" und glauben Sie mir, was ich in all den Jahren begriffen habe, ist, dass Frauen harte Kerle oder Machos hassen, den einfühlsamen Softie, der weinen kann, jedoch vergöttern.

Nun kommen wir zum nächsten wichtigen und heiklen Thema, dem Sex. Es versteht sich von selber, dass Sie nicht auf Sex aus sind, wenn Sie sich für eine bestimmte Frau interessieren, wenn doch, schließen sie umgehend dieses Buch und widmen sich anderen Dingen! Also ganz klar, der männliche Trieb hat keine Priorität, lassen Sie dies auch Ihre Partnerin unmissverständlich spüren und geben Sie ihr auch zu keinem Zeitpunkt das Gefühl, ein Lustobjekt zu sein.

Sie glauben vielleicht, wenn Sie eine Frau kennen, kennen Sie alle und wissen alles über sie, weit gefehlt. Jede Frau ist eine neue Herausforderung, eine neue Welt, ein anderer Mensch, von dem man immer wieder etwas Neues lernen kann und es braucht viel Zeit und Geduld, um sich jedes Mal sofort auf diese Persönlichkeit einzustellen. Man muss zu einem gewissen Teil etwas von sich verändern oder gar aufgeben, das ist es, was dem Manne so schwerfällt und daher die Annäherung an die Frau nicht leicht macht.

Also nochmals kurz zusammengefasst: ehrliche, offene Komplimente an eine Person, nicht an ein Sexobjekt, seien Sie einfühlsam, geduldig, verständnisvoll und hören Sie ihr immer um Himmels willen gut zu!

Sind Sie nun wirklich bereit, all dies zu tun?

## Kapitel 3

## **Was brauche ich für meine Person?**

Selbstvertrauen, flexibles Verhalten, gutes Allgemeinwissen, Körperbeherrschung, Geduld und Beharrlichkeit, all diese Eigenschaften sind die Voraussetzung für die Ermöglichung dieses Traumes.

Sie können noch so klug sein, noch so charmant, gebildet oder gutaussehend, wenn Sie nicht das Vertrauen in sich selber haben und auf die Menschen zugehen können, Sie brauchen den Mut zur Überwindung, alles zu wagen und auch alles zu verlieren. Falls Sie schon im Voraus eine negative Einstellung haben und an keinen Erfolg glauben, nützt Ihnen alles nichts, trauen Sie sich ruhig selbst etwas zu, spüren Sie Ihre Stärke, den unbedingten Willen, nicht mehr allein sein zu wollen.

Seien Sie beharrlich, geben Sie nicht gleich nach

jeder Enttäuschung auf, ergreifen Sie nicht gleich bei jedem Misserfolg die Flucht, sondern versuchen Sie es immer wieder und zeigen Ihrer Herzdame damit, dass es Ihnen ernst ist und Sie um die Gunst Ihrer Liebe kämpfen.

Diese Hartnäckigkeit ist für die Frau gleichzeitig eine Bestätigung und Sicherheit, dass alles, was Sie in Zukunft alleine oder zu zweit mit der gleichen Hartnäckigkeit angehen. Die weibliche Spezies schätzt diese Eigenschaft sehr, einen Mann, der nicht beim ersten Fehlversuch alles hinwirft und das Weite sucht.

Sie sollten stets in der Lage sein, bei jedem Thema mitreden zu können, daher ist ein gutes Allgemeinwissen beinahe ein Muss.
Sie können ein einfacher Mensch sein, aber gebildet; Sie können ein schüchterner Typ sein, aber Sie sind gebildet; Sie können ein ländlicher Mann sein und doch sind sie gebildet.
Verwechseln Sie das ja nie mit einem Besserwisser, der bei jedem Thema seinen Senf dazugeben muss, auch schon überall war und seine andere Hälfte ständig korrigiert und belehrt, das wiederum kann keine Frau gebrauchen, seien Sie

nur nicht der langweilige Typ, der von nichts und niemanden eine Ahnung hat.

Jeder Mensch interessiert sich für etwas ganz Spezielles sehr stark, betreibt dies vielleicht als Hobby und wenn Sie dann bei dieser Sache auch mitreden können, haben Sie beide genug Gesprächsstoff, um ein paar Stunden über die Runden zu bringen und vor allem sich näherzukommen. Frauen fühlen sich geborgen, wenn sie wissen, mit einer Frage zu ihrem Partner gehen zu können und er ihr eine Antwort darauf geben kann.

Es gibt keinen Menschen, der so einfach und pflegeleicht ist, dass man für ihn nicht ein kleines bisschen Geduld aufbringen müsste. Ob es nun darum geht, eine Entscheidung zu treffen, beim Warten einer Verabredung, die sich verspätet hat, oder einem schwierigen Charakterzug, stets benötigt man eine unendliche Geduld.

Doch diese Geduld bringt Ihnen sehr viel Sympathie ein, gerade wenn es zum Beispiel um die Frage geht, soll sie mit Ihnen ein solches Wagnis eingehen. Sie ist so in der Lage, viel freier und ungezwungener zu überlegen, ohne Druck Ihrerseits.

Vor allem heute nimmt sich doch keiner mehr die Zeit für etwas oder jemanden, alles muss schnell gehen, das heutige Modewort heißt "Stress". Ist es da nicht schön zu hören, wenn da einer kommt und sagt, er habe alle Zeit der Welt, um auf sie oder eine Antwort zu warten!

Bei jedem Date kann etwas schiefgehen oder Sie versprechen sich irgendwann, haben eine Situation falsch eingeschätzt. Nun ist es Zeit, sich sofort umzustellen, zum Beispiel, wenn Sie auf eine Frau zugehen, sie ansprechen und plötzlich bemerken Sie, dass diese Person gar nicht so ist, wie Sie sie eingeschätzt haben, also müssen Sie umgehend anders weiter auf sie zugehen. Diese Situation kann von einer Minute auf die andere eintreten, deswegen sollten Sie über ein ausgedehntes flexibles Verhalten verfügen.
Es könnte auch eine peinliche Situation entstehen, bei der Sie gleich handeln müssen, um nicht noch mehr ins Fettnäpfchen zu treten. Im schlimmsten Fall kann es sogar vorkommen, dass die Frau plötzlich mit IHNEN zu flirten beginnt, das heißt, umgehend in die Offensive gehen und das Verhalten ändern!

Zu guter Letzt noch das Thema Körperhaltung.
Wie wir alle wissen, verrät die Haltung eines
Menschen viel über seinen Charakter.

Zappelt einer unruhig hin und her, kaut auf den
Fingernägeln herum oder kann seine Augen nicht
auf einen Punkt fixieren, ist er mit Sicherheit
nervös, weiß er bei einem Gespräch nicht wohin
mit seinen Händen und stellt sich nicht direkt vor
die Frau hin, ist er garantiert unsicher. Hält er beim
Reden viel die Hände vor sein Gesicht und fängt
bei jedem Satz, den er sagt, zu lachen an, kann
man darauf wetten, dass dieser Typ schüchtern ist,
und das nicht zu knapp.

All diese Hinweise können auch Sie selber
entlarven, Sie können nicht den Coolen markieren
und dann wie ein unruhiges Huhn hin und her
flattern.

Ihr Charakter wird auch von der Haltung Ihres
Körpers geprägt.

Sie dürfen der Frau, der Sie Ihre Aufwartung
machen, nie etwas vormachen!

*Kapitel 4*

## Der schüchterne Typ

Die schüchterne Frau zeichnet sich dadurch aus,

dass sie sofort rot anläuft, wird sie von einem Mann angesprochen, sie wird versuchen, jedem direkten Augenkontakt auszuweichen, und weiß in der Regel nicht, wie sie sich verhalten soll und lächelt deshalb stets. Bei Komplimenten wird sie meistens skeptisch reagieren. Treten Sie dieser Frau stets dominant auf, es würde ihr gar nicht gut tun, einen Partner an ihrer Seite zu haben, der genauso unschlüssig und unsicher ist. Sie braucht jemanden, der sie führt, der sie immer wieder in die Schuhe stellt und Entscheidungen trifft und stark ist. Aber achten Sie bitte darauf, dass Sie dadurch nicht zu eingebildet wirken, es besteht schließlich noch ein Unterschied zwischen eingebildet und selbstsicher.
Für diese Person sind Sie der Fels in der Brandung, der Baum, an den sie sich lehnen kann, der ihr Schutz bietet und Schatten spendet. Bei diesem Typ Frau könnte ich wetten, dass sie flache,

unscheinbare Schuhe trägt, weder Turnschuhe, noch elegante, noch hochhackige Schuhe und auch nichts Buntes. Das Schuhwerk spiegelt ihren Charakter wider, also am besten ja nicht auffallen. Sie wird es mit Sicherheit genießen, wenn Sie sie aus dieser labilen Welt befreien und ihr zeigen, dass sie eine Persönlichkeit ist, jemand, den man, den Sie beachten und der auch ernst genommen wird.

Um am Anfang das Eis zu brechen, rate ich Ihnen, sie nur einfach anzulächeln. Vor ein paar Jahren habe ich einmal eine sehr, sehr schüchterne Frau getroffen. Sie fiel mir gleich auf und um sie nicht in Verlegenheit zu bringen und mit der Tür ins Haus zu fallen, habe ich sie einfach nur angesehen und verschmitzt gelächelt, immer und immer wieder bis sie neugierig, wie Frauen nun einmal sind, wurde und mich dann selber ansprach. Heute tauschen wir uns die schmutzigsten Witze aus. Also haben Sie Interesse an einer solchen Person gefunden, tun Sie Folgendes: Beachten Sie die Dame, schauen Sie ihr in die Augen, aber nicht anstarren, wenn Sie merken, dass ihr dies unangenehm wird, wenden Sie Ihren Blick für ein paar Sekunden ab. Die holde Maid wird jedoch Ihren Blick erneut suchen, dann heißt es wieder lächeln. Je nach Situation ist es nun Zeit, sie anzusprechen, und zwar auf mein Lieblingsthema, die Schuhe! Alles andere ergibt sich dann von selbst, doch vergessen Sie nicht, dominant und witzig zu bleiben. Wenn Sie dann mit ihr zum ersten Mal etwas trinken gehen oder sie sogar zum Essen einladen konnten, seien SIE der aktive Part bei der Unterhaltung, sonst bereiten Sie sich auf einen recht ruhigen Abend vor. Lassen Sie die Konversation nie zu langweilig werden, sollte Ihre Begleitung dann auftauen, hören Sie ihr aufmerksam zu und lassen Sie sie so lange erzählen, wie sie selber mag, denn schließlich steht sie ja im Mittelpunkt Ihres Lebens.

Ein kleiner Tipp nebenbei, lassen Sie irgendwann, irgendwie etwas fallen, Ihnen fällt zum Beispiel das Glas Wasser um oder Ihnen gleitet das Besteck aus der Hand. Einerseits lockert es die Atmosphäre durch ein wenig Humor auf und andererseits zeigt es der Dame, dass auch Sie durchaus unbeholfen sein können, das nimmt ihr einen großen Teil ihrer Unsicherheit.

Bei Ihrem ersten gemeinsamen Ausflug sollten Sie nichts unternehmen, dass sie nicht beherrscht wie zu Beispiel Minigolf, Rollerbladen oder Tanzen, das verstärkt ihre Unsicherheit nur noch mehr, SIE

soll den Ort und die Art der Unternehmung
entscheiden.

## Der schöne Typ

Hegen Sie keine Vorurteile, indem Sie annehmen,
eine schöne Frau achtet nur auf Äußerlichkeiten
und wünscht sich daher auch nur einen Adonis,
einen Athleten, der aussieht wie Brad Pitt, als
Partner! Sie ist sich zwar dessen bewusst, dass sie
an jedem Finger einen Verehrer hat, aber möchte
sie dies auch? Dazu lässt sich nur eines sagen, ein
ganz bestimmtes NEIN! Bei schönen Frauen
verhält es sich wie mit Prominenten, sie sind
eigentlich ganz normal und bodenständig, sind
sogar darüber unglücklich, dass kaum ein Mann
sich traut, sie anzusprechen. Es ist doch so wie bei
allen Menschen, man begegnet sich, sieht sich an,
vielleicht funkt es ja, doch keiner traut sich, den
anderen anzureden, weil automatisch jeder denkt,
keine Gegenreaktion zu erhalten – und man verliert
sich wieder aus den Augen. Wie viele Chancen
haben Sie wohl schon vorbeifliegen lassen, weil
Sie genauso an sich gezweifelt haben?

Eine schöne Frau hat sehr viel Selbstvertrauen und tritt daher auch sehr sicher auf. Da ist es klar, dass Sie als eher schüchterner Typ Angst davor haben, diese Traumfrau, diese Göttin, die so unnahbar zu sein scheint, anzureden.

Ich persönlich mag die Bezeichnung "schön" nicht so gern, ich nenne es lieber "hübsch". Schön ist ein Gegenstand, eine Sache, wie zum Beispiel eine schöne Vase, ein schöner Urlaub oder ein schönes Lächeln, doch was haben wir gelernt, Frauen sind keine Sachen oder Objekte. Aber wie spricht man denn nun so ein perfektes Wesen an? Ganz einfach, ein Wort ... SCHUHE! Wenn ich so einer Göttin begegne, gehe ich direkt auf sie zu und bekunde ihr, dass mir ihre Schuhe sehr gefallen, das sonst so sichere Erscheinungsbild löst sich auf, stattdessen ist sie erstaunt und völlig sprachlos und warum dies? Instinktiv glaubt sie zunächst, dass sie wieder durch mein Näherkommen auf die sonst billige Weise angemacht wird und ich sie nur wegen ihres Aussehens anbaggere. Doch mich interessiert nicht ihre Erscheinung, sondern vielmehr ihre Schuhe, und das wirft sie vollkommen aus der Bahn! Ihr Interesse und Faszination für Sie ist geweckt, die Mauer um sie herum ist gefallen und das beeindruckt sie derart. Es ist wie bei dem Märchen "Der Prinz und der Bettelknabe", in dem sich der Prinz nichts sehnlicher wünscht, als ein normaler Junge zu sein. Hübsche Frauen sind meistens intellektuell, das heißt, mit ihr können Sie problemlos beim ersten Date in eine Ausstellung, eine Vernissage, ein Museum oder einen beliebigen kulturellen Anlass gehen. Vergessen Sie bitte nur nie, dass Ihre Begleitung die Hauptdarstellerin ist, nicht einengen, aber deutlich zu erkennen geben, dass sie das Wichtigste und Interessanteste für Sie ist. Da Frauen, insbesondere gut aussehende, die auf ihr Äußeres achten, gerne shoppen gehen, bieten Sie ihr ruhig einmal an, mit ihr eine Einkaufstour zu machen, doch wie Sie wohl selber wissen, kann das sehr anstrengend für unsereiner werden. Welcher Mann würde eben gerade deswegen freiwillig dieses Abenteuer antreten, das bringt Ihnen Pluspunkte ein. Nur, es sollte für Sie nicht zu einer Verpflichtung werden, es sollte wirklich von Herzen kommen, dann wird der Tag für Ihre Angebetete auch ein unvergessliches Erlebnis, da sie weiß, Sie tun es gern und mit viel, viel Geduld. Solche Traumfrauen können jegliche Art von Schuhen tragen, dabei erinnere ich mich an eine

Begegnung mit einem Bild von einer Frau. Ich ging also auf dieses perfekte Wesen zu und sagte zu ihr, dass mir ihre Schuhe gefallen, ob es diese aber auch in einem sauberen Weiß gäbe, da sie schon fast grau waren. Weiter sagte ich zu ihr, dass es schade sei, so eine bezaubernde Person in solch einer Fußbekleidung zu sehen! Irgendwie wusste die Fremde nicht so recht, wie sie mich ansehen sollte, böse, erstaunt, überrascht oder unglaubwürdig? Also ließ ich diesen Augenblick kurz auf uns zwei einwirken und fast schon schuldbewusst entgegnete sie mir, sie wisse es, aber das seien halt ihre Arbeitsschuhe. Jedes Mal, wenn wir uns heute sehen, erzählt sie mir voller Begeisterung, wann und wo sie wieder wunderschöne Schuhe gesehen habe.

## Der hochnäsige Typ

Hier ist wirklich Menschenkenntnis gefragt, denn es könnte sehr schnell ins Auge gehen, wenn Sie nicht absolut davon überzeugt sind, einen solchen Charakter vor sich zu haben. Fällen Sie daher immer zuerst nach ein paar gewechselten Worten

Ihr Urteil, eine zweite Chance wird sie Ihnen nicht gewähren. Natürlich ist auch so eine Amazone zu bändigen, nicht auf negative Art gesehen.

Die schnellste und sicherste Art zu erkennen, aus welchem Holz sie geschnitzt ist, besteht in einer vorübergehenden Begrüßung, denn eine eingebildete Person hält es nicht für nötig zu grüßen. Meist sind solche Menschen auch nur davon überzeugt, die anderen befänden sich nicht auf ihrem Niveau. Achten Sie unbedingt darauf, bei diesem Typ Frau ein selbstsicheres Auftreten zu haben und zeigen Sie ihr ruhig IHRE Krallen, dass Sie keine Berührungsängste haben und dass sie keineswegs etwas Besseres ist.

Leider ist es nun einmal so, dass es viel mehr Frauen als Männer sind, die ihre Nasen oder, sollte man eher sagen, ihre Näschen so hoch tragen. In unserem Geschäft gehen täglich Frauen ein und aus, meistens immer wieder die gleichen und so sahen wir auch immer wieder eine Frau, die einen sehr eingebildeten Eindruck hinterließ, bei uns allen. So sprach ich sie eines Morgens bei einem kleinen Gespräch direkt darauf an und sagte, sie sei ja gar nicht so eingebildet, wie wir alle zuerst dachten, beinahe traurig nahm sie es zur Kenntnis und versicherte mir das Gegenteil. Immer wenn sie nun in unser Geschäft kommt, grüßt sie mich höflich. Hätte ich sie damals nicht unerschrocken darauf angeredet, würde sie wohl heute noch unter unserem Vorurteil leiden.

Falls Sie es tatsächlich schaffen, und davon bin ich überzeugt, Ihre Traumfrau einzuladen, gehen Sie in ein Restaurant mit Stil, zeigen Sie ihr ganz bewusst, was sie Ihnen wert ist und dass Sie auch Stil haben können. Lassen Sie Ihre Begleiterin getrost während des ganzen Dates reden und erzählen, erwecken Sie jedoch nicht den Anschein, Sie wären selber ein Langweiler und hätten nichts zu sagen, seien Sie ganz ein Gentleman und lassen Sie die Dame im Mittelpunkt stehen, dort fühlt sie sich auch am wohlsten. Sie wird selber merken, wie selbstgefällig sie wirkt. Bei ihr sollten Sie bei der ersten Unternehmung etwas tun, was Sie selbst gut beherrschen wie zum Beispiel Billard, schwimmen gehen oder tanzen. Sie wird ernüchternd merken müssen, dass auch sie nicht perfekt und unfehlbar ist und sie wird vom hohen Ross steigen müssen. Beim nächsten Mal machen Sie es umgekehrt, dann ist sie an der Reihe zu zeigen, was in ihr steckt und wird nicht mehr so betrübt und beleidigt sein.

Bitte verzeihen Sie mir, dass ich hier wieder davon

anfange, doch hier sind die Schuhe für uns von großer Bedeutung und Hilfe, und zwar wegen ihres Ganges. Natürlich möchte sich jede Frau, die etwas auf sich hält, präsentieren und da gehört das richtige Schuhwerk automatisch dazu. In der Regel trägt sie hohe Stöckelschuhe, die sie etwas größer und eleganter erscheinen lässt. Doch auf was ich aus will, ist, achten Sie bei ihren Schritten darauf, wie sie sich bewegt, läuft sie sicher oder geht sie wie auf Eiern?

Geht sie unsicher und schwankend, wissen Sie, dass sie nur ein falscher Pfau ist.


### Der vollschlanke Typ

 Von allen Frauen ist die Vollschlanke die menschlichste, die einfachste und so ist auch der Umgang mit ihr. Bei ihr dürfen Sie ganz Sie selbst sein, sofern Sie sich nicht über ihre Figur lustig machen oder gar kritisieren.

Mein Bruder hat mich einmal darauf aufmerksam

gemacht, dass genau jener Frauentyp erstaunlicherweise meistens ein hübsches Gesicht und eine sympathische Ausstrahlung hat. Woran liegt das? Das lässt sich einfach erklären. Eine Frau mit einer makellosen Figur und einem hübschen Gesicht hat den Drang, sich immer beweisen zu müssen, ist mit sich selbst nie zufrieden und immer im Wettstreit, sie hat die Pflicht, stets gut auszusehen. Sie treibt sich durch stundenlange Übungen auf dem Hometrainer zur Erschöpfung, erstickt ihre Haut durch tägliche zentimeterdicke Make-ups. Lippenstift, Puder, Lidschatten, Haarspray und falsche Wimpern, all das zerstört das Gesicht und durch das natürliche Altern erhöht sich diese Tortur von Mal zu Mal. Die etwas pummelige Frau will sich nicht schöner machen, als sie ist, sie ist mit sich zufrieden, vielleicht hat sie auch die Hoffnung aufgegeben, sich zu ändern, also bearbeitet sie auch nicht ihr Äußeres und verunstaltet es bis zur Unkenntlichkeit.

Also, das Gesicht strahlt vor Natürlichkeit und Gesundheit, selbst das Lachen sieht frei und ungezwungen aus. Nebenbei sei zu erwähnen, dass 90 Prozent aller Frauen eigentlich gar nicht auf Make-ups angewiesen wären und ca.70 Prozent gar nicht auf diese chemikalische Bemalung stehen, nur sagt man das ihnen zu wenig. Der Fehler daran liegt hier aber ausschließlich beim weiblichen Geschlecht, immer wieder beschweren sie sich, dass der Mann nur auf die Verpackung achtet und nicht den inneren Wert erkennt, warum also richtet sie sich dann dermaßen her, doch nur, um dem männlichen Part zu gefallen, um seine Aufmerksamkeit zu gewinnen, also nur optisch! Die Frauen zwingen uns also daher diese schlechte Eigenschaft auf.

Jetzt aber wieder zurück zum eigentlichen Typus. Wie schon erwähnt, ist diese Person völlig unkompliziert und einfach anzusprechen. Sie besitzt Humor, Geduld, Verständnis und ist äußerst treu. Sie sieht auch nicht gleich in jeder Annäherung eine Anmache.

Machen Sie sich darauf gefasst, ist einmal das Eis gebrochen, übernimmt sie gerne die Initiative, das heißt, der Ball liegt nun auf der Seite der Dame und sie wird sich auf ihre eigene Weise Ihnen nähern. Nur keine Angst, Sie werden überrascht sein, wie sich so ein Wesen öffnen kann, wenn Sie ihr Interesse geweckt haben.

Ich rate Ihnen jedoch dringend davon ab, diese Person in irgendeiner Weise zu verarschen oder auszunutzen, man(n) kann sich gar nicht ausmalen, wie feindselig diese Frau werden kann.

Nun, wie gehen Sie am besten vor, mit einem Kompliment bezüglich ihrer Figur oder ihrem Aussehen wohl kaum, natürlich, wenn Sie absolut selbstsicher sind, können Sie dies schon wagen, und zwar mit einem schlichten: "Hallo, schöne Frau". Ansonsten würde ich sagen, es ist situationsbedingt, es kommt ganz auf den Moment an, diesen können Sie dafür vollumfänglich nutzen. Sehen Sie nicht ihre Figur, sehen Sie die Person, in ihr Inneres, achten Sie genau darauf, was sie in ihrer Umgebung interessiert, was sie speziell begeistert, und schon haben Sie ein paar Anhaltspunkte.

Dies gilt im Übrigen nicht nur für diesen Frauentyp, es gilt nicht nur als Grundregel, einer Frau ganz genau zuzuhören, sondern auch darauf zu achten, wie sie sich verhält, was ihr gefällt, was ihr weniger zusagt, was ihre Augen zum Leuchten bringen oder was ihr ein Lächeln entreiß. Wo und wie fühlt sie sich sicher und wo unbehaglich, wann nagt Kummer an ihr und wann ist sie wunschlos glücklich? Wobei man zuerst wissen sollte, was "glücklich" heißt. Ich empfinde es so: Wenn ich mir den ganzen Tag um nichts Gedanken machen muss, kein Problem mich nervt, mir nichts wünsche und mein Kopf einfach leer ist, nur den Moment voll und ganz genießen kann und nur mit dem Herzen fühle.

Zurück zur Anrede, ist es eine Begegnung, die täglich stattfindet, achten Sie darauf, stets Blickkontakt zu halten und zu lächeln, nicht anlachen oder gar grinsen, nur ein warmes und ehrliches Lächeln. Machen Sie dies drei Wochen lang, gehen Sie dann direkt auf sie zu und laden Sie sie spontan zu einem Kaffee ein. Falls sie darauf antwortet, sie kenne Sie ja gar nicht, erwidern Sie ihr, genau aus diesem Grund würde ich sie gerne einladen, um sie näher kennenzulernen. Natürlich inspiziere ich auch hier ihre Schuhe. Ich bin davon überzeugt, dass dieser Frauentyp eher flachere, schlichte und einfarbige Schuhe trägt, was ihre einfache und unkomplizierte Art widerspiegelt.

*Kapitel 5*

## Die Traumfrau

Ein jeder stellt sich unter seiner Traumfrau etwas anderes vor, daher kann man das Thema nicht verallgemeinern. Ich kann niemandem raten oder vorgeben, wie die perfekte Frau auszusehen hat, das muss schon jeder für sich selber wissen.
Viele von Ihnen haben ganz bestimmte Vorstellungen, wie die Frau Ihrer Träume auszusehen hat.
Sie sollte die richtige Haarfarbe haben und die gewünschte Frisur dazu, die Größe muss stimmen, die einen mögen lieber Schlankere, die anderen eher Molligere, ja selbst die Größe des Busens ist von großer Bedeutung.
Es gibt sogar Menschen, die geben viel auf das Sternzeichen des anderen, sind dermaßen davon besessen, dass sie nur mit dem passenden Sternzeichen zusammenkommen wollen, im gröbsten Fall sollte der Aszendent auch noch übereinstimmen. Selbst die Hautfarbe und Rasse steht auf der Wunschliste, die wohl mehr einer

Einkaufsliste gleicht.

Raucht sie, trinkt sie Alkohol, fährt sie ein Auto, und wenn, was für eines, ist sie Rechts- oder Linkshänderin, welcher Religion gehört sie an, tausende und abertausende von Fragen und Anforderungen.

Nun frage ich Sie, möchten Sie eine Frau, die einen Platz in Ihrem Herzen einnimmt, oder eine für den Platz in der Glasvitrine? Hören Sie auf Ihr Herz, auf Ihr Gefühl, Ihrer Wunschfrau werden Sie nie begegnen. In 98 von 100 Fällen findet sich das genaue Gegenteil von dem, was man sich schon immer vorgestellt hat, und das ist auch richtig so, denn die wahre Liebe kommt von innen. Bei den meisten Beziehungen war es sowieso Liebe auf den ersten Blick, auch wenn der eine oder andere sich dessen gar nicht bewusst war.

Man sucht jahrelang nach der Frau seiner Träume und begegnet dann von einem Augenblick auf den anderen einer ganz anderen Person und verliebt sich trotzdem unsterblich in dieses Wesen, vertrauen Sie daher Ihrem Gefühl, rennen Sie nicht einer Illusion hinterher, sondern seien Sie stets offen für alles Unerwartete.

Meine persönliche Frau meiner Träume sieht wie folgt aus: Sie sollte eine reife Frau sein, die

Lebenserfahrung hat und auch schon einiges erlebt und durchgemacht hat. Ich denke, wenn beide schon einiges durchlebt haben, versteht man sich gegenseitig viel besser und es kommt eher zu einer Art Seelenverwandtschaft.

Sie kann ruhig etwas älter sein als ich, denn mit älteren Frauen habe ich grundsätzlich bessere Erfahrungen gemacht, aber das ist natürlich nur meine Meinung.

Ich mag natürliche und einfache Wesen, das heißt, sie muss nicht jeden Morgen Stunden im Bad verbringen, um sich für mich hübsch zu machen, die Schönheit kommt immer von innen, und das sollte man ihr ansehen, eine innere Ruhe, eine herzliche Ausstrahlung. Sie muss sich für mich nicht zurechtmachen, sie gefällt mir so, wie sie ist!

Die Frau meiner Träume ist ein Mensch, der für alles Neue offen ist, gerne Neues dazulernt und auch viel wissen will, eine Frau, die gerne lacht und der man ihr sympathisches Lachen schon von weitem ansieht. Eine Frau, die auch zuhören kann und mir mit Rat und Tat zur Seite stehen würde. Ich möchte mit ihr etwas unternehmen können, genauso wie ich mit ihr auch nur zuhause sitzen kann und wir uns gegenseitig einfach nur genießen.

Keinesfalls möchte ich das richtige Schuhwerk unausgesprochen lassen, das heißt in meinem Fall keine hochhackigen Schuhe, zu spitze oder Flip-Flops. Sie sollte ein Mensch sein, der offen und spontan ist und sich auch einfach nur gehen lassen kann, nichts sollte oder besser gesagt darf ihr peinlich sein, dazu gibt es keinen Grund.

Ich stelle sie mir als eine großzügige, warmherzige und geduldige Person vor, kinder- und tierlieb, einfühlsam und hilfsbereit.

*Kapitel 6*

**Tipp 1**

Erzählen Sie nie alles über sich selbst und geben
Sie nicht alles preis!
Nicht, weil Sie etwas zu verbergen hätten oder gar
ein schlechtes Gewissen, auch nicht, weil es Ihre
Partnerin nichts angehen würde, nein, dadurch
bleiben Sie stets interessant.
Versuchen Sie es einmal selber, wie spannend und
aufregend es doch ist, etwas über den anderen
herauszufinden und dann stellen Sie sich vor, Sie
wüssten nun alles und es gäbe nichts mehr zu
entdecken. Unwiderruflich wird das Gegenüber
langweilig, durchschaubar und berechnend, wo
bleibt denn da noch der Drang zum Unentdeckten?
Sie bleiben tagtäglich aufs Neue eine
Überraschungs-Box, es wird Ihre Partnerin etwas
beängstigen, da sie nie weiß, was sie als nächstes
erwartet und trotzdem ist sie davon fasziniert und
schlussendlich darf man nicht vergessen, Frauen
sind neugierig und begierig darauf, alles über Sie
herauszufinden, so lange wird sie nicht von Ihrer

Seite weichen.

## Tipp 2

Lieben Sie nie nur einen Teil, etwas Bestimmtes an einem Menschen! Nicht nur einfach ein Körperteil wie zum Beispiel die Augen, die Nase oder die Hände, verlieben Sie sich auch nie in einen Charakterzug, zum Beispiel Humor, Großzügigkeit oder Geduld. Verbeißen Sie sich nicht in eine Verhaltensweise wie das Lächeln, ihren Gang oder gar das Niesen. Achten Sie unbedingt darauf, dass Sie keinesfalls beschreiben können, wieso Sie den anderen eigentlich lieben oder was Sie an ihr so mögen, denn sonst lieben Sie immer nur eine Sache an ihr oder eine Eigenart.
Am besten ist sogar, wenn Sie selber nicht wissen, warum Sie Ihr Herz an sie verloren haben, denn so bleibt auch die holde Dame immer für Sie interessant und unaufhaltsam sind Sie auf der Suche, was Sie an ihr so mögen.
Liebe sollte immer von innen herkommen, schlussendlich ist und bleibt sie ein Gefühl!

# Tipp 3

Seien Sie in jeder Lage ein Gentleman, und zwar ein perfekter!

Dazu gehört selbstverständlich das Aufhalten der Türen, das Helfen in den Mantel oder das Tragen schwerer Taschen. Lassen Sie die Frau auch nicht hinter Ihnen herlaufen, sie ist Ihnen gleichwertig, also immer an Ihrer Seite. Gehen Sie eine Treppe hoch, so läuft sie vor Ihnen und beim Heruntergehen laufen Sie vor ihr, steigen Sie in einen Bus, Zug oder in ein sonstiges Beförderungsmittel, lassen Sie die Dame zuerst einsteigen und bezahlen Sie stets die Rechnungen. Falls Ihre Begleitung doch einmal darauf besteht, zu bezahlen, so entgegnen Sie ihr ganz gelassen mit den Worten, sie solle Ihnen lediglich ein hübsches Lächeln schenken und Sie sind quitt, das sei genug, um glücklich zu werden.

Frauen älteren Semesters sind dies noch von früher gewohnt und fühlen sich insbesondere von jüngeren Männern geschmeichelt. Dagegen erwartet es sicher keiner von jemandem unserer oder der nächsten Generation.

Probieren Sie es ruhig einmal aus und dabei spielt

es überhaupt keine Rolle, wie das Alter verteilt ist, ob Sie älter, jünger oder gleich alt sind, die Faszination Ihres Gegenübers wird Ihnen sicher sein. Machen Sie es sich im Alltag zur Selbstverständlichkeit, allen Frauen gegenüber ein Kavalier zu sein und mit der Zeit werden Sie es automatisch tun.

Bei all den Bekanntschaften mit dem weiblichen Geschlecht wurde ich stets angenehm überrascht und erstaunt bewundert, selbst von den Mitmenschen um uns herum und jedes Mal bekam ich ein positives Feedback.

## Tipp 4

Genießen Sie jeden Moment Ihrer Beziehung, jeden noch so kleinen Moment der Zweisamkeit! Leeren Sie Ihren Kopf mit Gedanken an das Morgen oder anderen unnötigen Problemen, nur diese Minute zählt und mit wem Sie diese verbringen.

Halten Sie sich immer vor Augen, eines Tages wird es solche Momente nicht mehr geben, dann werden Sie keine zarte Umarmung mehr spüren,

keine lieben Worte mehr hören dürfen, niemand,
der sich in Ihren Armen geborgen fühlt und kein
sanfter Kuss, der Sie in die Unendlichkeit zaubert.
Selbst wenn Ihre Beziehung eine Krise erlebt oder
der Ärger bei Ihnen haltmacht, genießen Sie es,
denn Sie werden es mit hundertprozentiger
Sicherheit eines Tages vermissen.
Natürlich habe ich früher auch nie auf jene gehört,
die mir diese wichtigen Worte vermitteln wollten,
doch ich musste meine Lektion schmerzlich
lernen, also vertrauen Sie mir und hören Sie auf
mich! Und vor allem genießen Sie Ihre Partnerin
mit jeder Faser Ihres Körpers, prägen Sie sich
jeden Quadratzentimeter von ihr ein, spüren Sie sie
am ganzen Körper, so dass Sie Ihre Liebe nie mehr
vergessen, selbst wenn Sie dies möchten, wie ein
Brandmal brennt sie sich in Ihr Herz.
Sie sind nun nicht mehr allein auf dieser so
lieblosen Welt, also teilen Sie auch alles und ich
meine auch wirklich alles mit Ihrer hoffentlich
einzigen und letzten Liebe, reden Sie offen über
alles und jeden, haben Sie keine Geheimnisse
voreinander. Lösen Sie zusammen jedes noch so
unlösbare Problem, geben Sie sich gegenseitig
Halt, Hoffnung und Mut, denn es gibt nichts
Stärkeres als die Liebe, nichts vermag mehr zu

heilen als sie, nichts ist so unüberwindbar und ewig! Doch merken Sie sich dies gut, die Liebe ist kein Geschenk, man muss sie sich verdienen, muss Tag um Tag um sie kämpfen und darf sie nicht zur Routine werden lassen. Hat man sie erst einmal gefunden, sollte man sie nie mehr loslassen oder gar leichtsinnig aufs Spiel setzen, Sie werden keine zweite Chance bekommen!

## Tipp   5

Achten Sie bei der Dame Ihres Herzens auf das Schuhwerk, das sie trägt, es sagt einfach alles über sie aus. Ich persönlich schaue als erstes auf die freie Stelle im Wangenbereich unterhalb der Ohren, auf diese Partie des Gesichtes reagiere ich sehr sensibel. Als zweites streift mein Blick die Schuhe, das Schuhwerk prägt den Gangart, diese wiederum widerspiegelt den Charakter und jener wirkt sich auf die Person aus, das heißt, jede Frau ist durchschaubar durch das Inspizieren der Schuhe.

Läuft sie zum Beispiel wie eine Herde Elefanten, zu schnell oder unsicher, hat sie einen strammen

Gang, schwebt sie dahin wie eine Elfe oder stolziert sie wie ein Pfau durch die Gegend, all das entscheidet sich schon beim Kauf dieses Kleidungsstückes.

Natürlich braucht es zur Analyse etwas Übung und viel Menschenkenntnis.

Nebenbei wird es zu einem amüsanten Grund, mit der Dame ins Gespräch zu kommen.

**Tipp 6**

Halten Sie JEDES Versprechen ein, sei es noch so klein oder scheint es noch so unwichtig für Sie! Was das Gedächtnis des Menschen betrifft, sind uns die Frauen weit überlegen, sie vergessen kaum etwas und noch weniger ein Versprechen unsererseits. Ein Mann wird bei der Frau unter anderem nach seinem Wort gemessen, das soll heißen, jedes Mal, wenn Sie Ihr Wort nicht einhalten, werden Sie unglaubwürdiger und unzuverlässiger und das Letztere ist für Ihre Partnerin nach der Treue das Wichtigste überhaupt. Versprechen Sie daher nur, was Sie auch einhalten können, ansonsten bringen Sie alles in Bewegung, um dies zu tun.

Was glauben Sie, würde Ihre Zukünftige wohl denken, wenn Sie eines Tages zusammen vor dem Traualtar stehen und Sie ihr das Versprechen der ewigen Treue geben müssen? Genau, sie würde innerlich lachen und bevor Sie das Jawort geben können, überschattet Ihre Ehe schon ein Zweifel der Glaubwürdigkeit Ihres Gelübdes.

Halten Sie jedoch jedes Ihrer Versprechen ein, so wird sie Ihnen hundertprozentig vertrauen und ihre Hände für Sie ins Feuer legen, es wird für sie wie eine warme Decke sein, wie eine Mauer vor der Flut, wie das Feuer in der Kälte.

Jeder von uns kennt schließlich das Sprichwort, das da heißt: "Wer einmal lügt, dem glaubt man nicht, auch wenn er mal die Wahrheit spricht"!

## Kapitel 7

## Wie gehe ich mit einer Frau richtig um?

Da die meisten von Ihnen schon gar nicht mehr wissen, wie man sich gegenüber einer Frau verhält, habe ich eine kleine Hilfe. 90 Prozent aller Frauen träumen von einem Ritter an ihrer Seite und obwohl es für die Männerwelt unverständlich und kitschig zu sein scheint, verkörpert der edle Kämpfer alle Wünsche und Sehnsüchte des weiblichen Geschlechts. Im Mittelalter war die Dame seines Herzens genau so viel wert wie seine Ehre, er nahm sie stets in seine schützende Obhut, kämpfte für ihr Ansehen, ja gab sogar sein Leben voll und ganz ihr hin, genau das wünschen sich Frauen von heute von einem Mann.
Reden Sie nie unanständig in Gegenwart einer Frau, auch wenn Sie selber das Gefühl haben, es störe sie nicht, selbst wenn sie behauptet, es sei ihr egal oder nicht anstößig, so tut sie dies aus Höflichkeit. Sind Sie mit mehreren Männer in einer Gruppe zusammen und Ihre Begleitung ist das einzige weibliche Wesen in der Runde,

schneiden Sie immer wieder einmal ein Thema an,
bei dem auch sie mitreden kann und nicht einfach
nur dasitzen und zuhören muss, kümmern Sie sich
immer wieder intensiv um Ihre andere Hälfte.
Halten Sie sie an der Hand, halten Sie
Blickkontakt oder fragen Sie einfach, wie es ihr
gehe und ob sie sich langweile.
Seien Sie, wie schon erwähnt, zu jeder Zeit und bei
jeder Gelegenheit ein vollkommener Gentleman.
Ein Mensch sollte sein eigenes Wohl stets hinten
anstellen, bei der Frau ist dies doppelt so wichtig.
Genau wie Sie in Ihrem Job eine Aufgabe haben,
sollten Sie es sich zur Aufgabe machen, Ihre
Liebste unendlich glücklich zu machen, nichts
sollte Ihnen mehr am Herzen liegen als ihr Glück!
Eines sollten Sie sich unbedingt tief
verinnerlichen, es geht in erster Linie nicht um
Sex! Der Sex spielt sicherlich eine große und
wichtige Rolle, dennoch ist er höchstens dritt- oder
viertrangig. Fast alle Frauen sind der festen
Überzeugung, beim Manne gehe es zuerst immer
nur um das eine und da muss ich ihnen als Mann
leider Recht geben, obwohl es zu unserer
Verteidigung einfach nur der eingebaute Jagdtrieb
ist.
Nun stellen Sie sich mich vor, seit mehreren

Monaten – und ich spreche nicht nur von zwei,
drei Monaten, nein sehr viel länger –    hatte ich
schon keine zwischenmenschliche Beziehung und
doch bin ich jederzeit Herr der Lage. Eine
langjährige Bekannte, die schon seit geraumer Zeit
ein Auge auf mich geworfen hatte, also auch eines
dieser willigen Geschöpfe war, konnte es nicht
fassen, als ich ihr eine Abfuhr erteilte und das nach
einer so langen Abstinenz der Liebe. Ein Mann,
bei dem es ja bekanntlich nur um das eine geht und
es nun mühelos und kampflos bekommen würde,
verzichtet darauf!
Schnell sprach sich dieses Ereignis bei ihren
Freundinnen und Bekannten herum. Die Welt der
Frauen stand auf einmal Kopf, das war doch
unmöglich und doch wurden sie mit dieser
Tatsache konfrontiert. Seit dieser Zeit bekomme
ich andauernd irgendwelche Nachrichten oder
SMS fremder Frauen auf mein Handy, Frauen die
mich plötzlich kennenlernen möchten.
Also, üben Sie sich in Zurückhaltung und
Abstinenz, denn ein solcher Kerl ist entweder
schwul oder pures Gold wert – und glauben Sie
mir, Sie werden wirklich Gold wert sein.
Bringen sie von Zeit zu Zeit Ihrer Liebsten ganz
spontan und überraschend einen Blumenstrauß,

Pralinen oder sonst ein kleines Präsent mit, ohne dass ein Grund vorhanden sein muss, einfach nur, weil Sie an sie gedacht haben und ihr eine Freude machen wollen, versäumen Sie es nur nicht, dies auch noch nach Jahren des Zusammenseins zu tun. Noch größer ist der Wert eines solchen kleinen Geschenkes, wenn Sie etwas kreativ sind und ihr etwas Einfaches basteln oder ihr einfach wieder einmal einen kleinen Brief, ein Gedicht, ein paar schlichte Worte schreiben, das hält auch am längsten und sie kann sich Ihre Liebesbezeugung immer wieder ansehen, vor allem, wenn sie ein seelisches Tief erfasst hat, sind Ihre Worte, die Sie zu Papier gebracht haben, die beste Wundsalbe und Balsam für ihr Herz. Außerdem zeigen Sie ihr damit, wie viel sie Ihnen wert ist, indem Sie sich Zeit und Mühe nehmen, Ihrer großen Liebe selber etwas zu machen und nicht einfach so beiläufig schnell in ein Geschäft gehen und ihr etwas kaufen, das sie vielleicht gar nicht benötigt. Zweifeln Sie nicht an Ihrem kreativen Schaffen, auch wenn es nicht perfekt wird, der Wille ist es, was zählt, und eine Frau reagiert sehr sensibel auf solch eine gute Absicht!

## Schenken heißt Freude bereiten

Es gibt für eine Frau nichts Schöneres, wenn der Mann oder der Freund nach Hause kommt und ihr unverhofft ein Geschenk mitbringt. Dabei spielt es für sie überhaupt keine Rolle, wie teuer oder wie groß das Mitbringsel ist, es ist auch nicht wichtig, ob es einen bestimmten Grund dafür gibt, ganz im Gegenteil, es ist für sie schöner, wenn die Überraschung des Mannes ohne bestimmten Anlass kommt.

Man möchte ihr damit vielleicht einfach nur einmal wieder zeigen, dass man sie liebt, dass sie dieses Präsent durchaus verdient hat, weil sie immer für einen da ist, oder man beschenkt seine Liebste auch aus lauter Dankbarkeit, weil sie einem stets die Wäsche macht, kocht, Kleider flickt und für einen sorgt.

Beschenken kann man sie auch nur, um ihr zu zeigen, wie glücklich man mit ihr ist oder um sich an ihrem verdutzten und doch glücklichen Gesichtsausdruck zu erfreuen.

Es ist dabei jedem freigestellt, welche Art von Geschenk man ihr machen will, sei es nun ein Blumenstrauß nach dem Motto „lass Blumen sprechen" oder sei es eine einzelne Rose für die romantischte Liebeserklärung, auch ein paar schöne Ohrringe in jeder Preisklasse verfehlen ihre Wirkung nicht und da wäre ja auch noch das Bedeutendste aller Geschenke ... der Ring. Er symbolisiert Zusammengehörigkeit, Treue, das Ewige und den Wert einer Person. Einen kleinen Tipp habe ich doch noch, anstatt eines Blumenstraußes nehmen Sie besser ein Blumengesteck oder eine Blumenschale, denn von einer solchen hat sie mehr, denn diese hält länger. Ich bin in unserem Betrieb bekannt dafür, dass ich den bezauberndsten Frauen eine Rose aus heiterem Himmel schenke, dabei ist es mir völlig egal, ob ich diese Person schon gut kenne oder sie zum ersten Mal sehe. Ich tue dies aus Respekt, aus dem Gefallen an ihr oder aus Sympathie, meistens versuche ich auch diesem Menschen ein Lächeln aufs Gesicht zu zaubern, wenn ich bemerke, dass es ihr nicht gut geht oder ich tue es einfach nur, um ihr eine Freude zu bereiten. Ich kann mich an kein einziges Mal erinnern, dass eine Frau sich nicht über diese kleine Geste gefreut und nicht angenommen hat.

Ich kann noch gut an ein Erlebnis zurückdenken, als wäre es gestern gewesen.

Ein Arbeitskollege, mit dem ich jeden Mittag essen ging, verguckte sich in eine Verkäuferin eines Buchladens. Nun war er aber leider auch schüchtern, um sie anzusprechen, und so habe ich ihm geraten, er möge eine Rose kaufen und ihr diese überreichen. Nach langer und harter Überredungskunst hat er sich dazu überwunden und trat verlegen mit der Blume in der Hand auf die bezaubernde Unbekannte hin.

Es liegt schon ein paar Jahre zurück, als ich das letzte Mal vor Freude so ein Funkeln in den Augen zweier Menschen gesehen habe und es liegt auch schon Jahre zurück, dass ich so stolz auf einen erwachsenen Menschen war.

Seien Sie daher nie zu schüchtern, nie zu

zurückhaltend oder unsicher, einer Frau, die Ihnen gefällt, dies durch eine kleine Aufmerksamkeit zu zeigen, denn jeder noch so unausgesprochene Gedanke wiegt so schwer wie ein Stein im Kopf. Es gibt nichts Schöneres als den Glanz in den Augen jener Frau, die beschenkt wurde, das Lächeln und Strahlen über das ganze Gesicht hinweg, das nur durch ein Wort zu beschreiben ist ... Glück!

## Kapitel 9

## **Die Angst in uns**

 Unser Leben wird beherrscht von Ängsten jeglicher Art und Weise und genauso verhält es sich bei einer neuen Liebe. Die Angst steckt in Ihnen drin, schon bevor Sie jemanden kennenlernen, während Ihrer Beziehung und selbst noch nach der Trennung.

Daher müssen Sie zuerst diese Angst überwinden, gehen Sie dieses Risiko voll ein.

Dutzende von Ängsten schweben über Ihnen wie dicke Wolken an einem stürmischen Herbsttag, es ist eine unendliche Kette von Unsicherheiten, die Sie bekämpfen müssen.

Zuerst haben sie Hemmungen, die Frau Ihrer Träume anzureden, dabei haben Sie Angst, abgewiesen zu werden oder sich lächerlich zu machen. Als nächstes haben Sie Angst, alles über sich zu erzählen, irgendetwas an Ihrem Leben oder Ihren Einstellungen könnte ihr vielleicht nicht zusagen. Nach einer gewissen Zeit der Bekanntschaft folgt nun die Angst davor, sie nach einer festen Beziehung zu fragen, denn auch hier könnten sie eine Abfuhr oder  eine Demütigung erleiden.

Sind Sie dann endlich zusammen, nagt an Ihnen tagtäglich die Angst, ob Sie Ihrer Partnerin wirklich gerecht werden und sie jeden Tag und jede Minute glücklich machen können, unwiderruflich folgt daher die Angst, Ihre große Liebe irgendwann zu verlieren, das Feuer der Liebe könnte erlöschen, das Interesse dahinschwinden.

Nun folgt die Furcht vor der nächsten Stufe, der Ehebindung, wird sich nun etwas ändern, es ist nicht mehr so einfach loszulassen und hegen Sie den Wunsch, eine Familie zu gründen, kommen noch die Selbstzweifel dazu, werde ich ein guter Vater sein, bin ich schon so weit, eine solche große Verantwortung zu übernehmen und bin ich stets in der Lage, meine Frau und Kinder zu ernähren? Ist es eines Tages doch so weit und Sie trennen sich, fürchten Sie sich vor dem Alleinsein, an jedem verfluchten Tag haben Sie Angst, Ihrer

Ex-Frau über den Weg zu laufen oder sie sogar in den Armen eines anderen Mannes zu sehen.

Und so beginnt der Kreislauf von Neuem, da Sie nun wieder Angst davor haben, allein zu sein und niemanden mehr zu finden, der mit Ihnen das Leben genießt.

Sie sehen also, nur dieser kleine Abschnitt Ihres Lebens, der vielleicht nur ein paar Wochen dauert oder viele, viele Jahre, ist voller Ängste. Natürlich gehört diese Furcht zu unserem Leben und Angst zeigt uns schließlich auch, dass uns etwas wert ist, doch sollte uns dieses Gefühl nicht einschränken und davor hindern, das große Glück zu finden.

Was auch immer Sie in Ihrem Leben Neues anfangen, Sie beherrschen dies nie schon am ersten Tag oder beim ersten Versuch, so verhält es sich auch bei jedem neuen Ansatz, jemanden kennenzulernen. Haben Sie keine Angst davor, eine Abweisung zu bekommen, haben Sie keine Angst davor, zu versagen, denn nur schon durch das Ansprechen einer Person haben Sie bewiesen, dass Sie kein Versager sind.

Meine Ex-Frau hat mir immer unterstellt, ein Versager auf der ganzen Linie zu sein. Das belastete mich schwer und machte mir gleichzeitig Angst. Doch dann betrachtete ich meine

Entwicklung in den letzten Monaten, in denen ich trotz mangelnder Finanzen nicht aufgegeben habe. Ich hauste monatelang in einem kleinen Zimmer ohne Bad, ohne Toilette und ohne Küche, mit nur einer Hand voll Hab und Gut, doch habe ich diese Zeit voller Depressionen und Zweifel überstanden, habe nie klein beigegeben und die Hoffnung nie aufgegeben und deswegen war und bin ich keineswegs ein Versager, egal was auch immer gewisse Personen behaupten!

Was ich Ihnen damit zu verstehen geben will, ist, dass jede Angst zu einem bestimmten Grad berechtigt ist, Sie jedoch in der Lage sind, mit dieser zu leben und zu akzeptieren.

Seien Sie sich stets bewusst, jeder und wirklich jeder Mensch trägt solche Ängste in sich. Wenn Sie Ihrer Traumfrau begegnen, können Sie sicher sein, dass auch sie diese Zweifel hat, nun sind Sie es, der dieses Band der Unsicherheit als erstes zu zerreißen wagt.

Es ist wie bei zwei Menschen, die ins Wasser fallen, und keiner weiß, ob der andere schwimmen kann oder nicht, man hat Angst, zu ertrinken. Merkt der eine jedoch, dass der andere schwimmen kann, klammert dieser sich hilfesuchend an den anderen. Wenn beide Parteien einer Beziehung voller Ängste sind, kann keiner der beiden ein ruhiges und harmonisches Leben führen. Stellt sich aber einer der beiden – und in diesem Fall sollten Sie es sein – seinen Ängsten, wird Ihnen Ihre Partnerin voll und ganz vertrauen, und das ist die Basis einer gesunden Beziehung.

Leider ist es in unserer Gesellschaft nun einmal so, dass der Mutigere der Mann sein sollte, andernfalls sagt man ihm Versager und Weichling nach und nicht selten von der eigenen Partnerin.

Bei jedem Mal, wenn ich einen Korb bekommen habe, wurde ich von meinen Arbeitskollegen auf eine abschätzende Art gefragt, ob das nicht peinlich für mich sei und immer wieder antworte ich, das gleiche. Zum einen ist es mir völlig egal, was andere von mir denken und zum zweiten besitze ich zumindest die Courage, ein Wagnis einzugehen und spreche nicht nur in großen Tönen davon.

Also meine Herren, wagen Sie es, springen Sie ins kalte Wasser und SIE HABEN NICHTS ZU VERLIEREN!

*Kapitel 10*

## Der dominante Typ

Dominante Frauen sind vorwiegend karriereorientiert und können sich überhaupt nicht oder nur schlecht einem Mann unterordnen, sei es nun im privaten Leben oder beruflich. Sie versuchen erst gar nicht, den männlichen Trieb durch ihre weiblichen Reize zu wecken, sie sind eher der militärische, stramme Typ, der voll energisch auftritt. Diese Frau genießt es förmlich, das andere Geschlecht zu diskriminieren und zu demütigen, meistens daher, weil sie schon sehr früh schlechte Erfahrungen mit Männern gemacht hat und wollen wir ehrlich sein, welche Frau hat das schon nicht!

So ein Weibsbild braucht keinen starken, aggressiven und selbstbewussten Typ, da sie die Hosen anbehalten will, nimmt sie meistens das pure Gegenteil ihres selbst, das heißt einen unscheinbaren, liebevollen und schüchternen Kerl, den sie wie einen Schoßhund halten kann.

Verstehen Sie mich jetzt nicht falsch, damit will

ich weder sie noch den Mann herablassend behandeln, sie handelt schließlich nur nach ihrer Natur.

Sie ist der einzige Typus, der mit Gleichgesinnten nicht klarkommt, ein genauso dominanter Partner an ihrer Seite wäre undenkbar, es käme andauernd zu Machtkämpfen und zu Stärkemessen. Es braucht jedoch in jeder Beziehung immer ein Gegengewicht, das einmal nachgibt und einmal überhand gewinnt, doch bei einer solchen Konstellation ist das unmöglich! Also, wenn Sie selber schon ein dominanter Mensch sind, lassen Sie lieber die Finger von einer solchen Person. Ein dominantes Wesen handelt vorwiegend nach Sympathie und Antipathie, sind Sie ihr sympathisch, haben Sie gute Karten näher herangelassen zu werden, sind Sie ihr jedoch unsympathisch, suchen Sie besser das Weite, sie könnte Ihnen sehr unangenehm werden.

Wir haben zum Beispiel bei uns im Geschäft eine solche Vorgesetzte, jene, die sie nicht ausstehen kann, werden im Keim schon niedergeschmettert, absolut chancenlos. An solche Charaktere kommt man nur durch Gegenangriff an, das heißt mit einer gehörigen Portion Frechheit und Humor. Aber geben Sie gut Acht, sonst ergeht es Ihnen wie bei einer Gottesanbeterin, geht man zu forsch heran und wird zu frech, frisst sie einen auf, dann haben Sie schlichtweg die Arschkarte gezogen.

Seien sie zunächst einfach nur respektvoll, wenn Sie sich dann schon etwas besser kennen, wagen Sie es ruhig einmal, etwas aufmüpfiger zu werden und steigern Sie diesen Zustand langsam, bis Sie merken, dass Sie diesen Punkt nun nicht mehr überschreiten dürfen.

Ich verrate Ihnen jetzt ein Geheimnis, diese Frauen haben trotz ihrer rauen Schale einen weichen Kern und durchaus auch Gefühle, wenn nicht sogar mehr als andere.

Dadurch dass Sie ihr mit gehörigem Respekt entgegentreten und nicht wie ein kleiner Wurm im Sand kriechen, wächst auch ihr Respekt Ihnen gegenüber und Sie werden ihr zunehmend sympathischer. Gehen Sie nur nie so weit, dass sie sich Ihnen gegenüber unterlegen fühlt, sonst haben sie Ihre Chance vergeigt.

Keine Regel ohne Ausnahme, bei dem südländischen Typ ist es als einziger umgekehrt, diese Frauen bevorzugen eher den starken, sicher auftretenden, dominanten Mann. Das kommt wahrscheinlich daher, weil das Volk aus den südlichen Erdteilen impulsiver ist und

Diskussionen gleicher Stärke und gleicher Lautstärke gewohnt ist, ja die Südländerinnen brauchen dies fast schon.

Dominante Frauen sind standhaft und stehen mit beiden Füßen fest auf dem Boden, und das kann man wörtlich nehmen. Sie tragen eher flachere und dunkle Schuhe, absolut nicht feminin, ein festes Auftreten ist für sie lebenswichtig für sie und ihr Ego. Buntes Schuhwerk wirkt verspielt, also undiszipliniert, und das spiegelt auf gar keinen Fall ihre Persönlichkeit wider. Wie gehen Sie nun so einem Menschen entgegen? Halten Sie sich immer ein Spinnenweibchen vor Augen, nähern Sie sich vorsichtig und geduldig. Was das Gute daran ist, sie können diese Frauen überall antreffen, beim Einkaufen, im Dancing, beim Sport, im Kino, im eigenen Geschäft oder auf der Straße. Auf keinen Fall sollten Sie sie schon bei der ersten Begegnung ansprechen, sorgen Sie dafür, dass Sie sich immer wieder einmal über den Weg laufen und sie sich wenigstens optischer wieder an Sie erinnern kann, arrangieren Sie dann nach einem Weilchen eine zufällige Begegnung. Erfahrungen zeigen, solche Menschen verlieben sich nicht auf den ersten Blick, dafür sind sie zu übervorsichtig, es braucht demnach eine längere Aufwärmzeit.

So eine Persönlichkeit anzusprechen, ist eine sehr schwierige Angelegenheit, weiß ich doch, man kann sich nicht einfach so entscheiden, in wen man sich verliebt, man kann die Finger und die Gedanken nicht einfach so von ihr lassen und die Gefühle für sie einfach ausknipsen wie einen Lichtschalter, nur weil sie eben ein schwieriger Typ ist und sich dafür etwas einfacheres suchen, das kann ich nur zu gut verstehen.

Bei der ersten Kontaktaufnahme stellen Sie ihr eine sachliche Frage oder machen ihr ein trockenes Kompliment, was das bedeutet, sage ich Ihnen gleich. Stellen Sie sich vor, Sie wissen von ihr, dass sie in einem Sportgeschäft arbeitet, nun gehen sie als Kunde dort hin, es erübrigt sich von selbst, dass die sachlichen Fragen hier schier unendliche Möglichkeiten bieten. Sie können ihr aber auch beiläufig bei einem Beratungsgespräch zuhören und ihr danach das Kompliment einer guten Fachkenntnis geben. Nur unterlassen sie bitte Komplimente betreffend ihr Aussehen, denn das Einzige, was Sie ernten werden, ist die Ansicht ihres Rückens.

Völlig unkompliziert wird es dafür bei Ihrem ersten Date, Sie können schlichtweg alles mit ihr unternehmen, irgendwie ist sie begierig darauf, sich mit Ihnen in allem zu messen, da sie Ihnen ja nicht unterliegen will, macht sie beinahe alles mit. Natürlich habe ich hierzu eine kleine Anekdote zu erzählen, betreffend unsere schon erwähnte Vorgesetze im Geschäft. Auch mir gegenüber trat Sie zu Beginn hierarchisch auf und wie geraten, gab ich ihr verbal zurück, ich ließ sie mir eine Zwei auf meinen Rücken stempeln, gab ihr jedoch beim nächsten Mal das gleiche wieder zurück, immer wieder einmal sie und dann wieder ich. Heute sind wir schon so weit, dass sie mich sanft schlägt, die Hemmschwelle ist nun viel weiter weggerückt und doch ist der Respekt geblieben!

## Der geheimnisvolle Typ

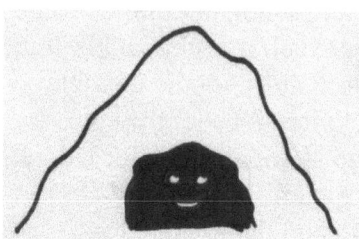 Nichts ist faszinierender und anspruchsvoller als eine Frau voller Geheimnisse! Vom Prinzip her ist sie genau der gleiche Typ wie die Verschlossenen mit dem Unterschied, dass sie im Gegensatz zu der Verschlossenen absichtlich nichts oder nur sehr wenig von sich preisgeben möchte. Sie ist wie eine Reise durch die Welt, wie eine Wundertüte, jeden Tag entdeckt man etwas anderes, etwas Neues. Wenn Sie glauben, Sie würden nach mehreren Jahren gemeinsamer Beziehung mit dieser Person alles über sie wissen, haben Sie sich gewaltig geschnitten, Sie wissen noch nicht einmal ein Drittel aus ihrem Leben. Sehen Sie es als vorsichtig oder nicht vertrauenswürdig an, doch diese Frau wird Ihnen nie alles erzählen.

Diese Menschen kann ich am besten verstehen, da ich genauso ein Typ bin, ich lebe nach dem Grundsatz, wer zu viel weiß, kennt mich, und wer

mich kennt, weiß, wie und wo ich verwundbar bin
und ich werde berechenbar, was ich auf keinen
Fall möchte.

In einem Moment scheinen Sie zu wissen, wie sie
denkt und fühlt, Sie glauben, sie nun geknackt zu
haben, eine Minute später verblüfft sie Sie wieder
durch ihre Undurchschaubarkeit. Sie werden bei
dieser Dame dazu verdammt sein, immer nur zu
erahnen, was Sache ist. Dies macht es für sie so
interessant mit anzusehen, wie Sie verzweifelt
versuchen herauszufinden, wo sie arbeitete, wie alt
sie wohl sein könnte oder wie ihr Name lautet, es
ist für sie wie ein Spiel, das man nach ihren Regeln
spielt.

Es kommt nicht selten vor, dass dieses Wesen
gerne einmal etwas vorgaukelt, also können Sie nie
sicher sein, ob sie gerade die Wahrheit gesagt hat,
wobei sie den kleinen Schwindel nicht böse meint,
dadurch sichert sie sich nur ab und gleichzeitig
neckt sie gerne andere Leute damit. Bei jeder
Frage, die Sie ihr stellen, wird sie lächeln und
Ihnen eine Gegenfrage stellen, wenn Sie selbst nun
ein eher neugieriger Mensch sind, wird sie Sie in
den Wahnsinn treiben. Neugierige Leute sind ihr
nämlich ein Dorn im Auge.

Eine geheimnisvolle Person verhält sich gegenüber

anderen genauso, wie sie selber behandelt werden möchte, sie stellt nur wenige Fragen und lässt die Menschen Menschen sein. Natürlich kommt es in den meisten Fällen solcher Persönlichkeiten vor, dass sie tatsächlich ein mehr oder weniger kleines Geheimnis haben, doch wer hat das nicht? Wie schon erwähnt, sind solche Menschen unberechenbar, daher kann ich Ihnen keinen richtigen Tipp geben, wie sie anzureden wäre, ich kann Ihnen jedoch raten, es auf Ihre ganz persönliche eigene Art zu versuchen und lassen Sie sich überraschen, es wird Ihnen kaum etwas anderes übrigbleiben.

Haben Sie irgendwann eine solche Partnerin gefunden, lassen Sie ihr ihre Geheimnisse und lassen Sie die verborgenen Türen zu, es ist ihr Spielraum und wenn sie ihr diesen nehmen, ist es sehr schnell vorbei mit dem täglichen Kribbeln des Ungewissen. Sie wäre wohl nicht geheimnisvoll, wenn ich sie durchschaut hätte und in eine der zahlreichen Schubladen stecken könnte.

Wenn Sie in dem Fall nicht neugierig sind, wenn Sie damit umgehen können, immer wieder aufs Neue überrascht zu werden, sei es im positiven oder im negativen Sinn, und haben keine Angst vor starken Schwankungen in Ihrem

Beziehungsleben, dann dürfen Sie diesen Schritt ruhig wagen und eine Annäherung versuchen.

An einem Tag kann man sie sportlich erleben mit Trainingshose und einer Kapuzenjacke, am nächsten Tag präsentiert sie sich ganz elegant mit einem Kostüm und dann wieder ganz leger in Jeans und T-Shirt. Genauso verhält es sich mit den Schuhen, ihre Palette ist beinahe unbegrenzt, von Turnschuhen über Pantoffeln bis hin zu eleganten Stiefeln, kein Muster ist zu erkennen.

Geheimnisvolle Menschen lesen gerne und sind äußerst wissbegierig, als kleiner Tipp meinerseits, falls Sie mit solch einer wunderbaren Frau etwas unternehmen möchten.

Ich finde es schön, dass es noch solche Menschen gibt, die einen kleinen Teil ihrer eigenen Welt für sich behalten wollen.

## Der sportliche Typ

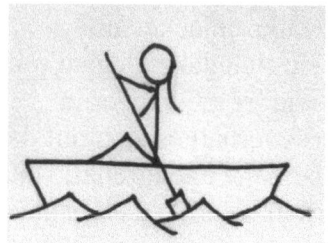

Nur wenn Sie selber ein sportlicher Typ sind und über ein überdurchschnittliches Maß an Energie verfügen, sollten Sie daran denken, eine solche Powerfrau zu gewinnen. Diese Person liebt es, an den Abenden nach getaner Arbeit noch einige Bahnen zu schwimmen, noch einige Kilometer mit dem Rad zu fahren oder sich im Fitnesscenter noch so richtig auszutoben – und wenn Sie glauben, Sie könnten dann an Wochenenden eine ruhige Kugel schieben, so sind Sie auf dem Holzweg. Stundenlange Wanderungen oder eine ausgiebige Fahrradtour sind für diesen Menschen der Inbegriff für Entspannung, können Sie da nicht mithalten sind Sie für sie, schneller als sie denken, Vergangenheit. Es wäre nicht persönlich gegen Sie, aber Sie beide hätten keinerlei Gemeinsamkeiten, sie braucht diese Aktivitäten und es wird für sie schwieriger sein, mit dem Sport und all den Bewegungen aufzuhören, als für jemanden damit anzufangen. Natürlich wird sie aus Liebe zu Ihnen einige Einschränkungen vornehmen, wenn nicht sogar ganz damit aufhören. Doch was ergibt sich zwangsweise daraus, mit der Zeit nimmt sie an gewissen Stellen am Körper zu, sie wird träge und verliert zunehmend an Lebensfreude, nach einer Weile dieses Zustandes fühlt sie sich gar nicht mehr wohl und bereut ihre Entscheidung von Tag zu Tag mehr.

Tun Sie sich und vor allem ihr dies nicht an, lieben heißt auch verzichten, selbst wenn dies bedeutet, auf den Menschen zu verzichten, den man über alles liebt, solange sie dabei nur glücklich wird. Wie Sie sich vielleicht vorstellen können, trägt diese Frau sicherlich keine Pumps oder hochhackige Schuhe, eher etwas Schlichteres, Flaches oder selbstverständlich kommen auch Turnschuhe in Frage.

Wie schon erwähnt, sollten Sie selber ein sportlicher Typ sein, daher sollte es auch kein Problem sein, ein Ansprechthema zu finden, denn in den meisten Fällen findet man im Fitnesscenter bei einer anderen Aktivität zueinander.

Für den weniger beweglichen Mann, der getreu nach meinem Motto "Kein Weg ist zu weit oder zu schwierig, um zu finden was man sucht" handelt, gibt es nur eine Alternative: Lassen Sie ihr stets ihren Spielraum und falls sie tatsächlich aus lauter Liebe zu Ihnen mit etwas aufhören möchte, verbieten Sie es ihr energisch, begründen Sie es jedoch gut. Begleiten Sie sie von Zeit zu Zeit einmal zum Schwimmen oder zum Radfahren, damit zeigen Sie ihr, dass Sie absolut damit umgehen können und gewillt sind, auch etwas für Ihre Gesundheit zu tun, mit ihr etwas zu unternehmen und dass Sie Interesse zeigen, an dem, was sie tut und gerne mag. Als Gegenleistung gönnt sie sich sicherlich ab und zu einen Abend, den sie ruhig und romantisch mit Ihnen verbringen kann.

Seien Sie beim Essen und Trinken vorsichtig, was Sie Ihrem Gegenüber auftischen, bedenken Sie, ein Mensch, der Sport treibt, achtet auch sehr auf seine Figur und bei den weiblichen Geschlechtern ist es nochmals so heikel, da reagiert sie sofort auf jedes kleine zugenommene Kilo. Demzufolge sollten Sie von Beginn an bereit sein, sich den Essgewohnheiten Ihrer Partnerin vorwiegend anzupassen, am besten fragen Sie sie stets, wo sie zum Beispiel zum Essen hin will, oder falls Sie zu Hause kochen, erkundigen Sie sich, was sie gerne hätte, Sie können für sich selber immer noch etwas anderes herrichten. Eine große Freude können Sie ihr bereiten, wenn Sie sich ein Kochbuch mit kalorienarmen Gerichten besorgen und ihr daraus etwas auf den Tisch zaubern.

Zu empfehlen wäre auch ein behaglicher Fernsehabend, vorzugsweise mit Liebesfilmen oder solche, die mit Action vollgepackt sind. Erstaunlicherweise zeigen meine Erfahrungen, dass sportliche Frauen im Gegensatz zu den Männern nicht gerade auch auf Sportsendungen stehen.

Hier zeigt sich wieder, dass die Frauen ihre Gefühlswelt derart besser im Griff haben als wir bedauernswerten Männer. Ein gut durchtrainierter Mann ist doch knallhart und wie es von Generation zu Generation überliefert wird, schaut sich ein knallharter Kerl keine solchen Schnulzen an. Eine Frau hingegen schämt sich überhaupt nicht für ihre Hormone und inneren Bedürfnisse und gleicht so ihren mit Action geladenen Tag aus.

Wir Männer sollten das auch viel öfter versuchen!

# Der Mutter-Typ

 Bei all den Frauen dürfen wir die alleinstehenden Mütter nicht außen vor lassen. Von allen weiblichen Wesen sind sie die unsichersten, jedoch die konsequentesten.

Es klingt wie einer dieser abgedroschenen Sprüche, in denen es heißt: "Der Weg zur Mutter führt über die Tochter." In diesem Fall trifft dies nur allzu gut zu, denn Sie müssen wahrhaftig zuerst das Herz ihres Kindes gewinnen, alles hängt davon ab, ob der kleine Spross Sie akzeptiert oder nicht.

Eine Mutter will stets nur das Beste für ihr Kind, also auch in Bezug auf einen neuen Mann im Leben der Kleinfamilie. Fühlt sich ihr Schützling in Ihrer Nähe nicht wohl, wird das mit Ihnen beiden eine kurze Sache, selbst wenn das Verlangen beidseitig groß ist, geht das Wohl des Kindes vor!

Ein wichtiger Punkt für alle Mütter ist, wie sie als Mann mit Kindern umgehen, können Sie die nötige Geduld für sie aufbringen, können Sie sie akzeptieren, als wäre es Ihr eigener Nachwuchs, wie sieht Ihre Erziehung aus, nehmen Sie sich auch Zeit für das kleine Geschöpf und sind Sie immer für den jungen Menschen da – all das sind sehr wichtige Kriterien für die Mutter.

Des Weiteren kommt da noch der entscheidendste Punkt hinzu, jede alleinstehende Mutter ist eine alleingelassene Frau, sie wurde sitzengelassen, betrogen oder hat vielleicht ihn verlassen. Was es auch immer gewesen sein mag, es hat nicht geklappt, somit wird sie verständlicherweise immer misstrauisch gegenüber Männern sein, also gegenüber Ihnen. Zu dem Misstrauen, ob dieser Mann sie nun glücklich machen kann, für eine Familie sorgen kann und auch reif genug dazu ist oder sie wieder nur enttäuscht wird, kommt noch der Zweifel hinzu, gibt es tatsächlich noch anständige Herren, die eine Frau, die gleichzeitig auch eine Mutter ist, begehren?

Ich weiß, wovon ich rede, meine Frau hatte, als ich sie damals kennengelernt habe, auch schon eine dreijährige Tochter und es ist doch so, ihre Tochter hatte etwas, sei es das Aussehen oder einen Charakterzug, von ihrer Mutter und etwas von ihrem Vater, jedoch nichts von mir. Somit habe ich in ihr nie mich gesehen und das wurde, je länger wir zusammen waren, immer belastender für mich, mit dieser Tatsache zu leben, leider hat dies meine Frau nie verstanden. Auch ich musste mich zuerst in das kleine Herzchen schleichen, bevor ich diese wundervolle Frau heiraten durfte.

Sprechen Sie daher nie zuerst die Frau an, sondern erst das Kind, es segnet ihr Vorhaben ab. Einen Tipp zur Annäherung gibt es da nicht, da jeder Frauentyp eine Mutter sein kann und dasselbe gilt natürlich auch auf das von mir gern angesprochene Schuhwerk.

Lediglich sollten sie wissen, dass diese Frau nur über beschränkt freie Zeit, das heißt ohne Kind oder Kinder, verfügt, außer Sie wollen wohl oder übel zusammen mit der Jungmannschaft etwas unternehmen. Sie sollten sich sowieso daran gewöhnen, oder gleich die Finger davon lassen!

## Kapitel 11

## **Die Bedeutung der Frau**

Nun, meine Herren, bitte ich Sie, einmal in sich zu gehen und über Folgendes nachzudenken. Was bedeuten uns eigentlich die Frauen? Was wären wir ohne Frauen? Was tun Frauen für uns?
Viele Fragen, eine kurze Antwort ... ALLES!
Wir Männer haben schon seit jeher das Gefühl, wir hätten das Rad erfunden und die Welt für uns erschaffen, denn nur wir würden arbeiten gehen. Doch jeder, der schon einmal eine Beziehung geführt hat und irgendwann wieder solo wurde, hat sicher schon erkannt, wie viel ihm seine Partnerin wert war. Während der Mann arbeiten geht, kümmert sie sich liebevoll um alles andere, unzählige Dinge, die sich nicht von alleine erledigen, Sachen, die wir uns gar nie merken, geschweige denn bewältigen könnten. Einkaufen, waschen, putzen, Ämter anrufen, kochen, die Kinder versorgen, Behördengänge und vieles, vieles mehr. Während wir alles so vor uns herschieben und für unwichtig halten,

Unangenehmes gerne zur Seite stoßen und immer den Weg des geringsten Widerstandes gehen, ist die Frau einiges verantwortungsvoller.

Leider erkennen wir am Abend, wenn wir nach Hause kommen, nicht, was sie alles vollbracht hat, oder vielmehr wollen wir es nicht erkennen, da wir Männer eben diese falsche Vorstellung haben, nur wir würden arbeiten. Falls wir es dann doch erkennen, erachten wir es als ganz selbstverständlich, dass die Wäsche gewaschen, gebügelt, zusammengelegt und versorgt ist, dass der Tisch gedeckt ist und das Essen bereits angerichtet ist, wenn möglich noch das gewünschte Menü, eingekauft worden ist und nebenbei auch gleich die Einzahlungen erledigt wurden. Als wäre das nicht genug, hat Ihre Liebste die ganze Zeit an Sie gedacht und Ihnen ein kleines Mitbringsel mitgebracht.

UND DAS SEHEN SIE ALS SELBSTVERSTÄNDLICH AN?

Haben wir unseren Frauen jemals oder wenigstens mehr als nur einmal dafür gedankt und ihnen gesagt, wie viel sie uns wert sind? Sind wir ehrlich, nein, abends, wenn wir müde von der Arbeit heimkommen, vielleicht noch Ärger im Geschäft hatten, erleichtern wir unsere Seelen an ihren Schultern, dabei hört sie uns geduldig und aufmerksam zu, tröstet uns, baut uns wieder auf, unterstützt uns oder ist einfach für uns da, tun wir dasselbe für sie? Wir hören ihnen so beiläufig mit einem Ohr zu, während sich das andere dem Fernseher hingibt.

Sollten wir ihnen nicht genauso aufmerksam zuhören und ihnen mit Rat und Tat zur Seite stehen, haben sie nicht auch ein Recht darauf? Blicken Sie einmal in die Vergangenheit und zählen alle Momente, in denen Ihre besserer Hälfte für Sie da war und Sie unterstützt hat, unzählige Male, oder? Nun zählen Sie die Augenblicke, die Sie für Ihre Frau da waren, kein Vergleich! Die Frauen haben von Natur aus eine soziale Ader, das heißt, sie versuchen die Familie zusammenzuhalten bzw. die Ehe oder Beziehung. Sie resigniert nicht so schnell wie der Mann, läuft nicht vor einer Diskussion davon und jammert auch nicht so viel. Haben Sie sich schon einmal ernsthaft gefragt, warum Frauen so gerne solche, aus der Perspektive der Männer betrachtet, Schnulzenfilme ansehen? Das weibliche Geschlecht ist emotionaler, aufgeschlossener in der Gefühlswelt und genau diese Eigenschaft vermissen sie an ihrem Partner und kompensieren es durch diese Filme. Trotz Ihrer Vorurteile schauen Sie sich einen solchen Streifen mit an, vom Anfang bis zum Ende, und achten dabei auf den Inhalt, den Sinn der Geschichte und es würde mich überhaupt nicht wundern, wenn Sie plötzlich leise vor sich hin weinen.

Also, lange Rede, kurzer Sinn, betrachten Sie Frauen nicht als geringer, nur als ein Objekt, denn schlussendlich sind WIR die Objekte, ohne Inhalt, kalt und gefühllos, nur stets an uns selber denkend. Seien Sie nie zu anspruchsvoll und suchen Sie nicht die perfekte Frau, die existiert nämlich nicht, denn die Frau Ihres Lebens ist jene, die Sie über alles lieben, sie ist das perfekte Wesen mit all ihren Fehlern und Makeln. Wenn Sie sie gefunden haben, seien Sie froh, diesen Menschen gefunden zu haben, genießen Sie jede Minute mit ihr.

## Kapitel 12

## <u>Die Überlegenheit der Frau</u>

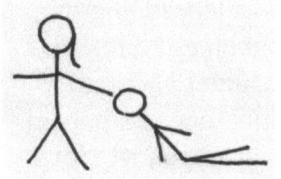 Das weibliche Geschlecht ist uns in vielen Dingen weit voraus, sei es auf emotionaler oder rationaler Ebene.
Nehmen wir als Anschauungsbeispiel nur einmal die Jugendlichen im jungen Alter von ca. zehn Jahren, wie körperlich entwickelt sind da schon die Mädchen, sie sehen jetzt bereits aus wie achtzehn. Können Sie sich noch daran erinnern, wie diese jungen Dinger vor zehn Jahren in diesem Alter ausgesehen haben und nun die Knaben, ob damals oder heute, sie sind nicht weiter fortgeschritten. Die Frauen sind uns also zunächst einmal körperlich weit entwickelter. Sie können zum zweiten mehrere Dinge gleichzeitig erledigen, wir sind zuweilen schon mit einer Aufgabe überfordert, Frauen planen besser, denn sie denken einfach an jede Kleinigkeit. Sie hören außerdem

besser und genauer zu und vergessen vor allem nicht wieder die Hälfte, für sie ist jede Nebensächlichkeit von Wichtigkeit, während wir Männer uns darauf beschränken, unsere technischen Spielzeuge für wichtiger zu erachten. Frauen halten auch besser Ordnung, sie können uns Dutzende Male zeigen, wo welches Ding im Haushalt verstaut ist, und wir haben es beim nächsten Mal wieder vergessen, unter anderem weil wir schlichtweg nicht richtig zugehört haben! Das weibliche Wahrnehmungsvermögen ist viel sensibler als unseres, Frauen entdecken jede Veränderung, nehmen wir zum Beispiel den Haushalt, sie ist vielleicht den ganzen Tag außer Haus und ihr Mann will etwas Gutes tun, also beschließt er, ein wenig Ordnung und Sauberkeit ins traute Heim zu bringen, kommt dann die Frau jedoch heim, bemerkt sie sofort jedes Ding, das nicht am selben Platz ist. Kommen wir jedoch am Abend nach Hause, würde uns nichts auffallen, selbst wenn die ganze Einrichtung verändert wäre. Das liegt unwiderruflich in der Natur, der Mann hat seinen Job, er muss sich voll und ganz darauf konzentrieren, die Frau allerdings muss den ganzen Haushalt plus die Kinder samt auswärtigen Erledigungen schmeißen, nicht selten bis zu einem

Dutzend Dinge auf einmal.

Diese Aufmerksamkeit im Haushalt wirkt sich auch auf das Kennenlernen eines Partners aus, sie mustert ihn ganz genau von oben bis unten und findet vielmals Eigenheiten an uns, die wir selber noch gar nicht kannten.

Auch wenn Sie es, meine Herren, nicht wahrhaben und zugeben wollen, aber die Frau erträgt selbst Schmerzen leichter als der wehleidige Herr des Hauses, so wird es auch in der Bibel überliefert. Als Eva vom verbotenen Baum der Erkenntnis gekostet hat und Adam auch dazu verführte, wurde sie von Gott dazu verdammt, ihre Kinder unter großen Schmerzen zur Welt zu bringen. Wie schon oftmals erwähnt, haben sie auch ihre Gefühle besser im Griff, sind sensibler, romantischer und einfühlsamer, selbst die soziale Einstellung der Familie ruht auf ihren Schultern, so wird sie immer versuchen die Familie zusammenzuhalten. Ich glaube, es gibt ebenfalls nur wenige Frauen, die ihre Sorgen und Probleme so in sich hineinfressen und nicht zum Reden unfähig sind wie die Männer. Natürlich gibt es auch Dinge, die wir Männer eindeutig besser können, die kann man jedoch an einer Hand abzählen und sind vorwiegend materielle Dinge.

So ist es also nicht verwunderlich, dass das feminine Geschlecht auch die Oberhand in Angelegenheiten der Beziehungen hat, das heißt, nur die weibliche Raffinesse und Abgebrühtheit kann uns Männer so schmoren lassen, uns um ihre Finger tanzen lassen und unser Geschlecht die unmöglichsten Sachen vollbringen lassen. Sie lässt uns mit Vorliebe wie ein Wurm an der Angel zappeln, bis wir von selbst aufgeben. Hat eine Frau erst erkannt, dass sie durch ihre Ausstrahlung und ihr gutes Aussehen den Männern die Köpfe verdrehen kann, zieht sie alle Register, die sie hat, um die Hormone im Manne zum Kochen zu bringen.

Was nun, wenn ich als Mann die Frauenwelt im Griff habe, ich SIE um den Finger wickeln und meinem Charme betören kann? Ich gebe zu, auch ich habe eine Achillesferse, solange ich die Fäden in der Hand halte und die Geschwindigkeit angebe, bin ich ein Meister meines Faches. Wehe jedoch, wenn die Herzensdame oder irgendeine andere Frau mich anspricht und mit mir zuerst flirtet, dann bin ich genauso unbeholfen wie alle anderen übertölpelten Männer, ich beginne zu stottern, werde verlegen und unsicher und zuweilen fangen meine Hände an zu zittern. Es ist wie beim Boxen, nur nicht in die Defensive drängen lassen.

Es muss nun nicht zwangsweise Schlechtes bedeuten, dass uns die Frauen überlegen sind. Unser Leben wäre sonst ein einziges Chaos, außerdem ergänzen sich die beiden Geschlechter ausgezeichnet.

Nur wir Männer haben leider diese kleine Gehirnlücke, die uns die Arroganz gibt, die Frauen für niedriger zu erachten, als sie wirklich sind!

## Kapitel 13

## <u>Die Zeichen richtig deuten</u>

Der Großteil der Frauen sagt etwas, meint aber dabei etwas ganz anderes, das kann man sehr leicht an ihrem Verhalten erkennen. Dieses Phänomen hat jeder von uns schon einmal erlebt, wenn man es einer Person einfach nicht recht machen kann, tut man es so, ist es falsch, und macht man es dann anders, ist es auch nicht richtig. Das liegt daran, dass die andere Person es ja eigentlich so gemeint hat, wie Sie es zu Beginn gemacht haben, nur ist es ihr zu diesem Zeitpunkt noch nicht bewusst. Ändern Sie es dann, wird ihr dann doch klar, dass es vorher richtig war, nur würde sie es jetzt niemals mehr zugeben, also ist für sie beides falsch.

Das klingt jetzt sehr kompliziert, daher werde ich es Ihnen anhand eines Beispiels noch einmal veranschaulichen.

Sie sind mit Ihrer Partnerin essen gegangen, begleiten sie, wie es sich gehört, nach Hause, vor der Haustür fragen Sie die Dame, ob Sie noch kurz auf eine Kaffee reinkommen könnten. Sofort läuten bei ihr die Alarmglocken und sie weist Sie ab, obwohl sie eigentlich von dieser Idee gar nicht so abgeneigt wäre. Sie als galanter Mann akzeptieren ihr Nein und wünschen ihr dann noch eine gute Nacht, doch auf einmal ist sie sauer, weil Sie einfach gehen und enttäuscht, dass Sie nicht noch einmal nachhaken.

Eine andere Situation, Sie sind schon etwas weiter in der Beziehung fortgeschritten und küssen Ihre Freundin leidenschaftlich, dabei versuchen Sie sie langsam zu entblättern, natürlich, wie es sich für eine Dame gehört, wehrt sie sich vehement und möchte, dass Sie damit aufhören, ist dann allerdings enttäuscht, wenn Sie Ihre Finger tatsächlich von ihr lassen.

Solche typischen Begebenheiten sind mir auch schon des Öfteren wiederfahren, so wollte ich meine Begleitung nach einem Trunk in einem Einkaufscenter noch zu ihrem Wagen in die Tiefgarage begleiten. Auf dem Weg zum Lift meinte sie: "Mit Dir in dem Fahrstuhl ist schon

gefährlich, hoffentlich sind noch mehr Leute drin",
komischerweise steuerte sie jedoch einen ganz
anderen Lift an, der etwas abgelegener war und nur
wenig genutzt wurde.

Was schließen wir also daraus, trotz ihrer Distanz
wollte sie mit mir alleine im Lift sein.

Frauen sagen oft, dass sie das und dies nicht
wollen und hoffen insgeheim, dass man(n) es doch
tut, sie bewundern den Rebellen in Ihnen, es zeigt
uns Männern, dass wir nicht nur willenlose Hunde
sind, die alles tun, was ihr Herrchen sagt.

Deutliche Zeichen dafür, dass sie nicht das meint,
was sie zu sagen pflegt, ist ein nervöses Verhalten
und ausweichender Augenkontakt. Würde sie es
wirklich so meinen, wie sie es herüberbringt, wird
sie Ihnen streng und direkt in die Augen sehen, ihr
ganzer Körper ist angespannt und regungslos, dann
heißt es wirklich parieren.

Am besten fahren Sie, wenn Sie die Frauen nicht
einfach so fragen, sondern eine Mischung aus
Frage und Aufforderung einsetzten, also statt:
"Gehen wir zusammen einen Kaffee trinken?",
sagen Sie mit einer Bestimmtheit zu ihr: "Kommen
Sie, wir gehen einen Kaffee trinken", so hat sie
nicht die Möglichkeit, nein zu sagen, wo sie
eigentlich ja meint, es ist eine direkte

Konfrontation und dementsprechend wird sie reagieren.

Eine Warnung wäre jedoch angebracht, falls Sie es noch nicht so gut beherrschen, dieses Verhalten des anderen Geschlechts zu erkennen, könnten Sie voll ins Messer laufen, wenn Ihre Partnerin oder Begleitung unwiderruflich ein NEIN meint und Sie nicht darauf reagieren, mit anderen Worten es nicht akzeptieren, kann das sehr unangenehm werden!

Versuchen Sie das richtige Deuten zuerst bei Menschen, die Sie schon gut kennen, die Ihnen vertraut sind, erst dann wagen Sie sich an außenstehende Personen heran. Achten Sie dabei stets auf die Augen Ihres Gegenüber, lehnt sie ab und schaut weg, um dann gleich wieder erwartend in Ihre Augen zu blicken, heißt das: "Ich will es nicht, aber lass nicht locker", sieht sie Ihnen jedoch lange und tief in die Augen, so bedeutet das unmissverständlich: "Nein, ist das klar!" oder "Hast du mich verstanden!?".

Auch der Körper spricht dazu eine deutliche Sprache, versuchen Sie zum Beispiel Ihre Begleiterin in den Arm zu nehmen, sie jedoch wehrt diese Aktion ab, indem sie Ihre Hand festhält und einen Schritt zurückweicht und nun achten Sie einmal genau darauf, was sie dann tut. Erstaunlicherweise lässt die Bedrängte Ihre Hand nicht wieder los, im Gegenteil sie hält sie noch fester und zieht Ihren ganzen Körper näher an sich heran, um Sie im gleichen Atemzug wieder wegzustoßen.

Sie sucht demnach den Körperkontakt, ihre Körpersprache zeigt ganz klar: "Ich will zwar nicht in den Arm genommen werden, doch bleib hier, ich möchte jedoch Deine Nähe und Wärme spüren."

Merken Sie sich, läuft eine Frau nach einer Frage nicht gleich davon und schein stattdessen auf etwas zu warten, gibt sie Ihnen noch eine zweite Chance.

Das Eindrücklichste all dieser Zeichen ist wohl das Necken. Jeder von uns kennt auch diese Situation, wir balgen mit unserer Partnerin herum, doch plötzlich sagt sie zu Ihnen, dass Sie jetzt damit aufhören und sie in Ruhe lassen sollen, trotzdem neckt sie Sie immer noch weiter. Klare Sache, sie will in Ruhe gelassen werden, provoziert jedoch weiter, weil sie es in Wirklichkeit doch nicht will.

*Kapitel 14*

## **Liebe im Betrieb**

Es kann absolut nicht ausgeschlossen werden,
doch sollten Sie es auf irgendeine Weise
verhindern, eine Beziehung in Ihrem Betrieb, wo
sie arbeiten, zu beginnen, zu mindestens nicht
veröffentlichen.

Dies hat mit Recht mehrere Gründe, zum einen
sollte man immer Geschäft von Privaten trennen,
da man als Paar sonst die Arbeit stets mit nach
Hause nimmt und auch da die ganze Zeit über die
Firma redet und diskutiert, es kommt also zu
keiner Ruhepause des Arbeitsleben. Zum zweiten
herrscht am Arbeitsplatz ein riesiges Potential an
Gesprächsstoff über zwei Liebende, einerseits
durch Neid und andererseits durch Mobbing. Zum
dritten besteht die Gefahr der Bevorteilung, das
heißt, Sie behandeln Ihre Partnerin anders als die
anderen Mitarbeiterinnen, ziemlich heikel wird es
da, wenn Sie in einer führenden Position sind.

Es ist doch so, man freut sich den ganzen Tag
schon darauf, abends nach Hause zu kommen, um

den Partner wiederzusehen, die Freude darüber, dass jemand schon voller Ungeduld auf Sie wartet, das Verlangen zueinander ist viel stärker, je länger die Sehnsucht danach ist, und nun stellen Sie sich vor, Sie würden sich auch den ganzen Tag über sehen, wo bliebe da das Verlangen, vierundzwanzig Stunden beieinander, da kann man schon einmal das Interesse verlieren.

Ist es für Sie jedoch unumgänglich und haben Sie eine bestimmte Person ins Auge gefasst, so üben Sie sich in Geduld, Sie haben alle Zeit der Welt, denn Sie sehen Ihre Angebetete jeden Tag von Neuem. Sie haben also ungeahnte Möglichkeiten, ihre Interessen wahrzunehmen, ihre Vorlieben und Abneigungen zu erkennen. Merken Sie sich nur eines, Frauen verhalten sich meistens ablehnend, wenn sie ihr den Hof im Betrieb machen, sie wollen nicht gleich von allen durchschaut werden und zum Gesprächsthema Nummer eins werden, meist neigen sie dazu, dieses Verhalten zu übertreiben, daher wird sie Ihnen sehr aggressiv begegnen. Resignieren Sie nicht gleich, falls sie Ihnen auf eine klare Art und Weise einen Korb gibt und falls sie Ihnen gegenüber von da an noch schroffer entgegentritt, ist das schon einmal ein gutes Zeichen.

Frauen lieben es, wenn man(n) um Sie kämpft und sich anstrengt, das zeigt ihnen, wie viel sie uns Männern wert sind und was wir alles für sie tun würden und wie weit wir gehen.

Genauso wie Sie selber hat auch sie alle Zeit, die sie braucht, um den anderen zu studieren und glauben sie mir, diese Zeit nützt sie in vollen Zügen aus. Hat man sich erst einmal in eine Mitarbeiterin verliebt, erlebt man eine Achterbahn der Gefühle, die schon morgens vor der Arbeit beginnt. Man freut sich so sehr, dass Sie sich den ganzen Tag zu sehen bekommen und den lieben langen Tag in ihr göttliches Gesicht schauen dürfen. Ihr Herz vollbringt meterhohe Luftsprünge und das Klopfen ist bis in den Kehlkopf hinauf zu spüren, selbst wenn Sie eigentlich mit vierzig Grad Fieber im Bett liegen müssten, würden Sie doch zur Arbeit gehen, nur um keinen Augenblick mit ihr zu verpassen. Gleichsam wissen Sie jedoch, dass Sie wieder neun Stunden voller Qual vor sich haben, in denen Sie sich wieder einmal nicht getraut haben, sie auf Ihre Gefühle aufmerksam zu machen, hunderte von richtigen Momenten und alle verpasst!

Selbstverständlich darf man nicht außer Acht lassen, wie Sie eine wirkliche Abfuhr verarbeiten,

Sie können nicht einfach Ihres Weges gehen, sie nie wieder sehen und sie nach einer langen, langen Zeit vergessen. Leider werden Sie sich immer noch jeden Tag von Neuem sehen, Tag für Tag ihr Antlitz sehen und nicht fassen, was Sie hätten haben können, an ein Vergessen ist da nicht zu denken.

Eigentlich weiß das jeder, jede Frau und jeder Mann, darum ist die Annäherung im Geschäft auch so schwer und voller Zweifel, denn keiner möchte dies alles für einen verflogenen Traum durchmachen müssen und doch, wer wirklich liebt, der nimmt auch dies in Kauf. Jene, die es wirklich wagen, erlangen vielleicht die große Liebe oder es wird für sie ein eindrückliches Erlebnis sein, es wird ihnen für immer eine Lehre sein.

Ein gebranntes Kind scheut das Feuer!

*Kapitel 15*

## Der ernste Typ

Es gibt Frauen, die gehen durchs Leben und den Alltag ohne oder zumindest kaum mit einem Lächeln im Gesicht, kaum mit einem Verziehen der Miene laufen sie bolzengeradeaus an einem vorbei, ohne nach rechts oder links zu blicken. Sie haben einen genauen Plan, sie gehen direkt in diesen Laden oder an den gewünschten Ort und gleich wieder zurück und hoffentlich werden sie unterwegs ja nicht von irgendjemandem angesprochen.

Ein Schlendern, Zögern oder gar Stehenbleiben kennen diese Menschen fast gar nicht, meistens huschen sie an einem mit hohem Tempo vorbei, bevor man sie richtig wahrgenommen hat.

Diese Personen einzuschätzen, ist sehr schwer, denn es gibt verschiedene Gründe für dieses Verhalten. Es könnte sein, dass sie schüchtern und unsicher sind und daher lieber nicht angesprochen werden wollen, es könnte aber auch sein, dass sie zu hochnäsig sind und das Gefühl haben, sie müssten die anderen um sie herum gar nicht wahrnehmen. Es kann aber auch sein, dass sie von jemanden einmal sehr enttäuscht oder verletzt worden sind, sei es nun von einem Mann und sie deswegen keine Männer mehr mag oder sehen will oder sie wurde von einer Freundin enttäuscht und will jetzt niemanden mehr an sich heranlassen. Eine mögliche Theorie kann auch sein, dass diese Menschen einfach die ganze Zeit im Dauerstress sind und gar keine Zeit für irgendetwas anderes haben.

Selbst das Ansprechen so einer Person kann zu einem großen Problem werden, sieht sie einem zum Beispiel nur kurz an, wendet sie ihren Blick gleich wieder ab und es bleibt nicht einmal genügend Zeit, um ihr ein kleines Lächeln zu schenken. Andererseits muss man schon schnelle Turnschuhe anhaben, um mit ihr mithalten zu können. Das Einzige, das wahrscheinlich noch zum Erfolg führen könnte, wäre, sich direkt vor sie hinzustellen, so dass sie nicht an einem vorbei kommen kann.

Um ganz kurz das Schuhwerk anzusprechen: schnelle Schuhe. Sie trägt hundertprozentig schnelle Schuhe wie zum Beispiel Turnschuhe oder flache Freizeitschuhe, um so rasch wie möglich wieder hinter der nächsten Ecke zu verschwinden. Bei diesem Typ Frau sollte man(n) nach einem Zwei-Phasen-Plan vorgehen, der in der ersten Phase vorsieht, das Vertrauen der Person zu gewinnen und in der zweiten Stufe die Auflockerung.

Also sollten Sie wirklich in Erwägung ziehen, diese Person für sich zu gewinnen, gehen Sie folgendermaßen vor. Bei der nächsten Begegnung folgen Sie ihr einfach bis an eine Stelle, wo sie stehenbleibt oder stehenbleiben muss wie zum Beispiel an einer Kasse, vor einem Fahrstuhl oder vor einem Schaufenster. Nun gilt es, ihre Aufmerksamkeit auf Sie zu lenken, dabei sollten Sie darauf achten, dass Sie dies auf eine lustige Art und Weise tun, denn ich glaube, dass sie froh darüber sein wird, wenn Sie ihr ein Lächeln entziehen können. Bei der nächsten Begegnung laufen Sie ihr einfach entgegen und begrüßen sie beiläufig und gehen aber gleich wieder weiter, so erweckt es in ihr nicht das Gefühl, als wollten Sie sie anbaggern, und dies wiederholen sie ein paar Tage.

Wieder eine Stufe später folgen Sie ihr wieder wie beim ersten Mal bis zu diesem Punkt, an dem Sie sie ansprechen können, bringen Sie dieses wundervolle Wesen erneut zum Lächeln ... und Sie

werden überrascht sein, wie sie reagieren wird.
Somit haben Sie ihr Vertrauen einmal gewonnen,
nun liegt es an Ihnen, sie bei jedem Treffen ein
wenig aufzumuntern bis Sie die Frau endlich zu
etwas Trinken einladen können.
Eine Warnung vorweg, fragen Sie Ihre Begleitung
nie aus, das gilt im Übrigen für alle Frauen, seien
Sie nie zu neugierig, das mögen sie nicht.
Wenn der Gesprächsstoff ausgeht und ein großes
Schweigen zu drohen scheint, dürfen Sie sie ruhig
nach etwas fragen, aber nie etwas zu Persönliches.
So wie ich die Frauen kennengelernt habe,
sprechen sie stets von allein von sich, ja sogar von
ihren Problemen.
Bei solchen Gesprächen erfährt man schon viel,
viel mehr über den anderen Menschen und man
beginnt zu verstehen, warum dieser sich so verhält,
wie er oder in unserem Fall sie ist, und es fällt uns
von da an einfacher, mit diesem Charakter
umzugehen, nur müssen Sie ihr immer
aufmerksam zuhören!
Sollte sich Ihre Herzdame so ernst verhalten, weil
sie von einer Freundin oder einem Freund
enttäuscht worden ist, lassen Sie sie darüber reden
und verhalten Sie sich jedoch völlig neutral.
Warum? Geben Sie der anderen Person recht, fühlt

sie sich vielleicht noch mehr hintergangen und geben Sie ihr recht, glaubt sie, dass Sie das nur tun, um ihr zu gefallen, denn schließlich kennen Sie die andere Person ja gar nicht, wie können Sie sich daher ein Urteil bilden?

War sie immer so ernst, weil sie von einem Mann enttäuscht wurde, dann halten Sie sich zurück und üben sich in Geduld, sie wird sich dann schon von selbst öffnen, andernfalls fühlt sie sich unter Druck gesetzt.

Ist sie der Typ, der andauernd unter Dauerstress ist, versuchen Sie sie, so oft es geht, zu beruhigen und geben Sie ihr zu verstehen, dass alles auch etwas mehr Zeit hat und man alles auch etwas lockerer angehen kann.

*Kapitel 16*

## Andere Länder, andere Kulturen

Zum Verständnis aller Ausländer sollte ich auch dieses Thema anschneiden.

Die Liebe kennt keine Rassenunterschiede, ob in der Sprache oder in der Hautfarbe, doch leider kennt sie in Sachen Kultur einen Unterschied.

Man kann sich daher nicht aussuchen, in wen man sich verliebt, es geschieht einfach, wann und wo sie will.

Jedoch sollte man verstehen, dass bestimmte Völker nur erlauben, dass sich gleiche Landsleute ineinander verlieben, sei das nun eine Sache des Glaubens, der Jahrhunderte alten Kultur, der Politik oder was auch immer, es ist nun einmal so und wir sollten dies einfach akzeptieren. Vor allem in den ex-jugoslawischen Staaten und der Türkei ist es so vorbestimmt, dass die Frau automatisch einen Landsmann als Ehemann nimmt.

Nicht alle Länder dieser Welt haben diese Ansichten und selbst in jenen Kulturen, in denen dies gang und gäbe ist, gibt es Menschen, die anderer Meinung sind, etwas modernere Einstellungen haben und der Liebe eine Chance geben, egal wo sie hinfällt.

Ich möchte damit nur sagen, auch wenn sich eine Frau in Sie verliebt, die einer anderen Nationalität angehört, kann es durchaus sein, dass sie Ihre Liebe gar nicht erwidern darf, auch wenn sie es gerne täte, denken Sie daher nicht schlecht von ihr oder fällen voreilig ein falsches Urteil.

Man wird sonst nur unnötig verletzt, indem man sich über längere Zeit Hoffnungen macht und sich einer Zukunft hingibt, die es nie geben wird, da sie schon lange vergeben worden ist, sie also gezwungen ist, einen anderen, den Sie vielleicht noch nie gesehen hat, zu heiraten. Bei anderen konservativen Eltern bestimmt der Vater, also das Familienoberhaupt, dass sie nur einen Landsmann haben darf.

Selbstverständlich gibt es auch unter all diesen Frauen solche, die schlichtweg einfach nur einen Mann aus ihrem Land haben wollen, weil sie der Meinung sind, dass dies die besten Männer sind, das sei jedem freigestellt.

Sollte es doch zutreffen, dass Sie eine Beziehung mit einer Frau einer anderen Nationalität beginnen, versuchen Sie nicht, Ihre Partnerin zu ändern,

lassen Sie ihr ihren Glauben und ihre Bräuche.
Genauso wie Sie diese Person lieben und vielleicht
eines Tages heiraten, genauso lieben Sie ihre Sitten
und Gebräuche und heiraten diese auch mit, also
entweder nehmen Sie sie so, wie sie ist, oder
lassen es gleich bleiben!
Bedenken Sie auch, dass Sie selber für die Familie
Ihrer Partnerin ein Außenstehender sind und sich
nun auch mit ihren Eltern arrangieren müssen, das
heißt, wenn es in deren Kultur so üblich ist, dass
der Mann, der um die Tochter wirbt, ein
bestimmtes Ritual oder etwas dergleichen
vollziehen muss, dann tun Sie dieses.
Was gibt es für einen schöneren Beweis der Liebe,
als dass man sich selber anpasst und integriert und
natürlich imponiert das auch ihren Eltern.
In solch einer Beziehung ist es schwierig, da jeder
seinen eigenen Glauben und Sitten hat wie zum
Beispiel Feiertage, Zeremonien, Glaubensfragen
oder Familienanlässe, doch jeder von beiden sollte,
ja muss sogar, die Kultur des anderen respektieren
und kann sogar daraus lernen.
Es hat ja schließlich auch seine Vorteile, so
können Sie zweimal Weihnachten feiern, das Jahr
an zwei verschiedenen Daten von Neuem beginnen
oder Sie bekommen durch zusätzliche Feiertage

auch mehr Geschenke.

Es gibt die unterschiedlichsten Arten von Ritualen oder Gesetzen für den Beginn einer Beziehung. So gilt es in bestimmten Ländern, dass die Frau nur mit einem Verehrer ausgehen darf, wenn sie von einer weiblichen Familienangehörigen begleitet wird, in anderen Orten der Erde muss der Mann wie früher auch den Vater offiziell um Erlaubnis fragen, will er seine Tochter ausführen. Wieder andere Väter verlangen von den Männern, dass sie sich vorher vorstellen und er dann darüber bestimmt, ob seine Tochter wirklich mit dem Fremden ausgehen darf, dabei kommt es auf jede Kleinigkeit an und geben wir Väter es ruhig zu, wir sind doch kein bisschen besser, auch wir möchten unsere Töchter nur in die besten Hände geben!

Vielleicht dürfen Sie ihre Begleitung nur in bestimmte Restaurants einladen oder sie muss vielleicht zu einer bestimmten Zeit zu Hause sein. Es kann auch sein, dass Sie die Frau nicht einmal berühren dürfen oder man zwingt Ihnen Auflagen auf wie zum Beispiel nur bestimmte Speisen, bestimmte Musik, bestimmte Lokale oder bestimmte Kleidung. All dies sollten Sie niemals in Frage stellen, denn sonst stellen Sie die Frau zwischen sich und ihrer Familie und wie da die Entscheidung ausfällt, ist wohl klar!

Einer der schönsten Bräuche, die ich kenne, kommt aus der Türkei, hält dort der Mann um die Hand einer Frau an, so muss er eine Flasche, die auf dem Haus des zukünftigen Schwiegervaters steht, mit einem Stein herunterschießen, dazu hat er nur einen Versuch, schafft er dies nicht, so bekommt er die Tochter nicht zur Braut. Ebenso interessant ist das Ritual in einzelnen Gebieten Grönlands, da muss der Mann ihr einen Fisch mitbringen, den er vorher mit seinen eigenen Händen und nur mit diesen gefangen hat.

Sie sehen also, andere Gebräuche können durchaus auch spannend, interessant und lehrreich sein. Und schlussendlich ist da ja noch die Frage des Geschmacks, die einen finden die Frauen aus Südamerika am schönsten, die anderen solche aus dem orientalischen Bereich und wieder andere stehen auf den exotischen Typ, wenn wir jetzt nur einmal auf das Sekundäre, das Äußere, ausgehen und wie es nun einmal so ist, bringt jeder dieser verschiedenen Typen auch seine eigene Kultur mit. Glauben Sie jedoch nicht, dass nur die Väter aus anderen Ländern schwierig sind, es können durchaus auch einheimische Familienoberhäupter kompliziert sein, lassen Sie mich dazu eine kleines Beispiel aus meinem Leben geben.

Es war eine Woche vor dem Schweizer Nationalfeiertag, dem 1. August, und meine damalige Freundin und ich beschlossen, über diese Tage nach Tessin in die Ferien zu fahren.

Nun war es jedoch so, dass ihre Familie diesen Feiertag stets zusammen gefeiert hat und unser Vorhaben daher gar nicht billigte.

So kam es, wie es kommen musste, ihr Vater stellte sie vor die Entscheidung, entweder feierten wir noch alle zusammen und würden den Urlaub um ein paar Tage verschieben oder sie müsse gar nicht mehr bei ihnen erscheinen. Ich wollte die Familie nicht entzweien und meine Freundin auch nicht zur Wahl zwingen und so gab ich nach, obwohl ich das Verhalten ihres Vaters missbilligte und aufs Schärfste verurteilte und es noch heute tue.

*Kapitel 17*

## Das Licht am Horizont

 Zu diesem Zeitpunkt stellt sich mir aufdringlich die Frage, weshalb lesen Sie dieses Buch und warum haben Sie es gekauft, aus lauter Neugier?

Ich glaube eher, dass die meisten von Ihnen eine Hilfsstütze suchen, einen Ansporn, eine Motivation. Ich bin überzeugt davon, dass jeder von Ihnen irgendwann einmal einen Tiefpunkt in Sachen Beziehung erlebt hat, sei es, dass er verlassen wurde, geschieden, betrogen oder nur ausgenutzt wurde. Egal was es auch immer war, es tut sehr weh und es benötigt immer wieder eine lange Heilungszeit.

Die erste Zeit ist man gar nicht mehr in der Lage, eine neue Beziehung einzugehen oder überhaupt daran zu denken, denn man hängt noch zu sehr an der letzten Liebe und man glaubt oder vielmehr redet man sich ein, es wird nie eine Bessere geben. Das ist im Grunde auch absolut richtig, anders sieht es aus, wenn Sie von ihr betrogen wurden, dann war es wohl kaum die Richtige.

Nach einer Weile, wenn Ihre Wunden verheilt sind, haben Sie sich überwunden, wieder an eine neue Beziehung zu denken, jedoch war zum einen die Heilungsphase so lang, dass Sie schon gar nicht mehr wissen, wie man um eine Frau wirbt und sie anspricht, zum zweiten verlieren Sie immer mehr die Hoffnung, jemals jemanden kennenzulernen.

Was viele nicht wissen, ist, dass man in jeder neuen Bekanntschaft unterbewusst automatisch eine Eigenschaft sucht, die einen an seine letzte Liebe erinnert, denn man kann sich noch immer nicht damit abfinden, dass das Vergangene vorbei ist.

Vielleicht haben Sie auch Angst davor, Sie könnten genauso verletzt werden wie das letzte Mal oder Sie könnten dieses Mal auf irgendeine Weise versagen, da man das Ihnen wieder und wieder eingeredet hat.

Doch glauben Sie mir, solange noch ein Lichtlein am Horizont brennt, besteht kein Anlass zum

Aufgeben!

Genau aus diesem Grund lesen Sie dieses Buch, weil Sie sich noch nicht aufgegeben haben und weil Sie nicht wahrhaben wollen, dass so etwas nur Ihnen geschehen kann, Sie sind mit diesen Gefühlen nicht alleine auf dieser Welt.

Haben Sie nicht des Öfteren diese Begegnungen einer unheimlich hübschen Dame mit einem eher unattraktiven Typen an ihrer Seite und haben Sie dann nicht auch diese Frage, die tausend andere auch auf den Lippen haben, was findet sie an diesem Kerl?

Sehen Sie es einmal als ein Zeichen, dass irgendwo irgendjemand auch auf Sie wartet, auch wenn Sie sich als unscheinbar halten, man wird nicht andauernd nach seinem Äußeren bewertet.

Seien Sie nicht neidisch auf des anderen Glück, dass er genauso verdient hat wie Sie selbst und geben Sie sich nicht so schnell auf.

Die Hoffnung hält uns am Leben, sie treibt uns voran und genau diese Hoffnung ist das Licht am Horizont, an das wir uns stets klammern.

Trotz alldem wünsche ich niemandem, dass es so weit kommen muss.

## Kapitel 18

## Der Traummann der Frau

Wie sollte nun der ideale Mann der Frauen sein, wie stellen sich die Frauen ihren Traumtypen vor und was wünschen sie sich von ihrem Partner fürs Leben?

Bei all meinen Begegnungen mit dem weiblichen Geschlecht ist mir eines schnell klar geworden, in erster Linie und als oberste Priorität gilt die Ehrlichkeit und die Treue, alles andere kann eine Frau entbehren oder verzeihen, nicht jedoch diese beiden Eigenschaften, ohne einen dieser Charakterzüge existiert für die Frau kein Mann! Das äußere Erscheinungsbild ist für die meisten Frauen eher sekundär, nicht bedeutungslos, sondern nur zweitrangig, er muss nicht unbedingt aussehen wie Brad Pitt und eine perfekt durchtrainierte Figur besitzen, er sollte jedoch auch nicht eine riesen Pauke vor sich herschieben, ganz einfach nur ein normal gebauter Mann, vielleicht mit einem kleinen Bierbäuchlein. Von Vorteil wäre es, wenn er nicht gerade zwei linke Hände hat, da die Frauen es gewohnt sind, dass der Mann im Haus alles Handwerkliche erledigt, so wie wir Männer es gewohnt sind, dass unsere Partnerin den Großteil des Haushaltes schmeißt. Zum Thema Haushalt wünschen sich die Frauen einen Partner, der keineswegs abgeneigt ist, etwas mitzuhelfen, ab und zu selbst Hand in Sachen Sauberkeit anlegt und die Frau, so gut es geht, unterstützt. Er sollte nicht gleich einen Putzfimmel haben, dennoch von ordentlicher Natur sein. Frauen müssen spüren, dass ein Mann auch ein Mann ist, sie will, dass er sie beschützt, für sie sorgt und Entscheidungen zu fällen weiß.

Ein gepflegtes Äußeres ist selbstverständlich, das heißt nicht, dass er in Kleidern von Armani oder Schuhen von Gucci daherkommen muss und jede Woche ein Vermögen beim Friseur liegen lassen soll, was wiederum auch nicht so zu verstehen ist, sich gar keine Mühe zu geben und er sich gehen lässt. Natürlich möchte jede Frau genauso wie der Mann mit seinem Partner ein wenig angeben und ihn voller Stolz den anderen präsentieren, vor allem das weibliche Geschlecht macht sich diesbezüglich gerne gegenseitig eifersüchtig, wir können unsererseits wiederum stolz darauf sein. Auf das Gerücht hin, dass ein Mann mit grauen Haaren attraktiver ist, kann ich nur diese Antwort geben, es stimmt. Frauen reagieren viel mehr auf die Frisur bzw. die Haare des Mannes als auf den Body. Ich habe zum Beispiel mit vierzig noch keinen Haarausfall und noch kein einziges graues Haar und jede Friseurin ist neidisch auf meinen vollen und dichten Haarwuchs und findet dies sehr anziehend. Ich glaube, graue Haare oder Schläfen signalisieren bei den Damen ein gesundes Maß an Männlichkeit und Reife, deswegen wirken solche Herren auch besser auf das andere Geschlecht. Beliebt sind auch Männer mit einem Flair für das Modische, wenn er mitreden kann, was gerade in ist und bei der Auswahl der Garderobe seiner bezaubernden Frau mitentscheiden kann, ihr auch Ratschläge oder Tipps gibt und nicht einfach in Gleichgültigkeit schwelgt. Sagen Sie ihr nicht einfach immer, sie würde in allem gut aussehen, kritisieren Sie auch einmal eines ihrer Outfits oder ihre Frisur, so zeigen sie ihr schließlich, dass sie Ihnen nicht egal ist und Sie sie auch genau ansehen, das ist sehr wichtig für Ihre Partnerin.

Genug geredet von Äußerlichkeiten, kommen wir zu den inneren Werten, den wahren Werten.

Wie zu Anfang dieses Kapitels erwähnt, sollte ein Mann, nein muss ein Mann, immer in jeder erdenklichen Lage ehrlich zu der Person sein, die er liebt, selbst wenn es zu Streit kommen könnte oder zu einer unangenehmen Situation, seien Sie trotzdem stets ehrlich! Wenn Sie ehrlich sind, wird sie Ihnen alles vergeben, vielleicht gleich, vielleicht morgen oder in einer Woche, doch sie wird Ihnen vergeben, eine Lüge dagegen wird sie Ihnen niemals verzeihen und das Vertrauen ist auf ewig dahin!

Treue gehört zu einer Partnerschaft wie die Luft zum Leben, jedes Wort mehr darüber zu verlieren, wäre unnötig.

Großzügigkeit ist großzuschreiben, sei es nun in materiellen Dingen, mit Worten oder mit Gefühlen, geizen Sie nie mit einem dieser drei Dinge, denn Geben ist seliger als Nehmen. Zeigen Sie ihrer Liebsten ruhig einmal, dass Sie auch eifersüchtig sein können, übertreiben Sie es nur nicht und unterstellen ihr fälschlicherweise etwas, was nicht vorhanden ist.

Über 90 Prozent der Frauen sind romantisch veranlagt, das liegt in ihren Genen, geben Sie sich daher etwas Mühe und springen Sie auch einmal über Ihren Schatten und schenken ihr hin und wieder einen romantischen Abend.

Zu den Favoriten der Eigenschaften gehören auch Kinderliebe, Selbstlosigkeit und Gefühle. Öffnen Sie sich mit Ihren Gefühlen, sei es nun durch Mitleid, Verständnis, Hilflosigkeit oder durch Weinen vor Freude oder Trauer, in diesen Momenten sind Sie verletzbar, Sie zeigen dem anderen, dass Sie menschlich sind, nun ist sie an der Reihe, Sie zu beschützen und das weckt ihre angeborenen Mutterinstinkte.

Ein Mann, der kochen kann, ist Gold wert, nichts Schlechtes gegen die Frauen, doch die meisten können gar nicht mehr kochen, da sie zum einen kaum noch zeitlich dazu kommen und zum anderen durch den großen Verzehr an Fastfood, das wir täglich zu uns nehmen, es nicht mehr nötig haben, am Abend noch eine große Mahlzeit herzurichten.

Frauen von heute lassen sich immer mehr gerne einmal bekochen und verwöhnen, sie sind schließlich emanzipiert, sind Selbstverdiener und arbeiten genau so viel wie der männliche Part. Sie brauchen einen ruhigen, selbstsicheren Mann an ihrer Seite, der stets weiß, was zu tun ist und der die nötige Geduld für allfällige Probleme aufbringt, einen Menschen, der auch einmal einen Fehler zugeben kann und dazu steht, aber auch gewillt ist, allem Neuen entgegenzukommen.

Stellen Sie sich einfach Ihre Traumfrau vor, nicht von der Optik her, sondern als Mensch an Ihrer Seite, dann können Sie etwa erahnen, was sich die Frau von Ihnen wünscht und so können Sie eigentlich gar nicht falschliegen.

Was Sie sonst noch alles zu beachten haben, um einen guten Eindruck zu hinterlassen, habe ich in den vergangenen Punkten in diesem Buch schon erklärt.

Doch was ist schon ein perfekter Traumtyp wert, wenn die Harmonie, das Kribbeln im Bauch, die Liebe nicht vorhanden ist, wie viel ist ein Idealbild schon wert, wenn es niemanden gibt, mit dem man das Leben in vollen Zügen genießen kann, einen Menschen, mit dem man den Rest seines Lebens verbringen möchte, indem man ihn so nimmt, wie er ist mit all seinen guten, aber auch mit all seinen schlechten Seiten.

Denken Sie darüber nach!

*Kapitel 19*

**Alternativen**

Heutzutage gibt es die unterschiedlichsten
Möglichkeiten, jemanden kennenzulernen, wie
zum Beispiel das Internet. Man kann
beispielsweise mit anderen im Chat Room
kommunizieren oder man kann ein Inserat im
Internet aufgeben, was für das Handy das gleiche
gilt, auch da besteht die Möglichkeit, eine
Kontaktanzeige aufzugeben. Selbst durch das
Medium Fernsehen ist man stets miteinander
verbunden, denn auch im Teletext kann man die
Frau an den Mann bringen oder umgekehrt.
Eine weitere Variante wäre da noch sicherlich die
altmodische Partnervermittlung, die jedoch sehr
kostspielig ist und wenige Erfolgschancen bietet.
Natürlich sind diese Arten der Annäherung die
einfachsten, da sie für jemanden Schüchternen
absolut risikolos sind. Dennoch kann ich nur davon
abraten, bei einer nicht direkt
zwischenmenschlichen Annäherung können
Missverständnisse auftreten, insbesondere durch
die Kommunikation per SMS, da man immer in

gekürzter Version schreibt und die Mimik oder der Tonfall nicht gegeben sind und dadurch vieles falsch interpretiert wird.

Die persönlichste, direkte Art, von Mann zu Frau zu sprechen, ist immer noch das Beste und Sicherste und vor allem das Aufregendste und ich meine, die Liebe sollte doch auch etwas Aufregendes sein oder nicht …?

Falls Sie sich doch dazu entschließen, einen dieser Wege einzuschlagen, dann empfehle ich Ihnen jedoch eine Art und Weise, die heute schon in Vergessenheit geraten ist oder die man antiquiert nennt, und das ist das Schreiben eines Briefes von Hand.

So ein handgeschriebener Brief, mit viel Liebe und Mühe verfasst, lässt jedes Frauenherz höherschlagen, es zeigt ihr, dass Sie sich die Mühe und Zeit dafür genommen und sich eben auch angestrengt haben. Jede Frau weiß das zu schätzen und Sie können sicher sein, dass Ihre Angebetete dieses Schreiben schon am ersten Abend mehr als nur einmal durchlesen wird, und das soll ja schließlich der Sinn davon sein. Alles, was nicht von Hand verfasst ist, wird wie ein Buch gelesen, also einmal, wenn es aber von Hand, auf einem besonderen Papier und kreativ geschrieben ist, so fasziniert es den Leser viel mehr und sie liest jeden Satz mehrmals durch, bis sie ihn ganz verstanden und voll in sich aufgenommen hat.

Versuchen Sie um Himmels willen nie, einen Menschen über eine dritte Person anzusprechen, wie man es früher als Kinder noch getan hat. Egal wie unsicher, schüchtern, ängstlich oder verlegen Sie sind, es kann sehr peinlich für Sie werden, es wird Sie auch für die Zukunft prägen, denn die Dame sieht Sie von da an als unselbstständig an. Der Vorteil bei einer direkten und persönlichen Konfrontation ist doch, dass man gleich weiß, mit wem man es zu tun hat. Erinnern wir uns an das Kapitel 13, in dem es um die Zeichen der Frau geht, also wie sie darauf reagiert, lässt sie Sie gleich abblitzen oder sendet sie Ihnen ein Signal, nicht aufzugeben? Und schließlich darf man auch nicht außer Acht lassen, dass auch die Dame sich gleich ein Bild machen kann, was sehr wichtig ist. Nehmen wir an, Sie schreiben jetzt auf eine Kontaktanzeige im Internet oder per SMS, Sie sind von Ihrer Schreib-Freundin begeistert, sie hat die gleichen Interessen, die gleichen Hobbys und noch viele andere Dinge stimmen für Sie und Sie machen sich natürlich auch ein Bild von ihr. Nun ist es so weit und Sie beschließen, das erste

Treffen zu wagen … doch beim ersten Augenschein sind Sie enttäuscht. So wie die meisten Menschen begehen Sie den großen Fehler und beurteilen einen anderen Menschen nur nach seinem Äußeren, wissen wir jedoch, dass der wahre Wert einer Person seine Persönlichkeit ist und nicht ihr Aussehen, denken Sie in diesem Augenblick nur an das, was Sie gelesen haben, was alles gestimmt hat.

Bei einem Gespräch Auge in Auge würde diese kleine Panne Ihres Unterbewusstseins nicht entstehen, die wie ein Schatten über Ihrer Beziehung liegen würde.

Also, ansprechen immer nur direkt oder erster optischer Kontakt und falls Sie dann zu unsicher sind, mit Ihr zu reden, dann bitte nur mit einem schönen, ausführlichen altmodischen Brief.

## Kapitel 20

## Ein guter Freund

 Wo steht geschrieben, dass ein guter Freund nur ein Mensch gleichen Geschlechtes sein muss, wer sagt, dass der beste Freund eines Mannes nicht eine Frau sein kann, was spricht dagegen, wenn man erkennt, dass ein weiblicher Freund genauso gut auf meine Probleme eingehen kann wie ein anderer Mann? Gar nichts! Im Gegenteil, für mich ist und war es stets besser, einen Menschen zu haben, der mich vollauf versteht, meine Gefühle auf sensible Art und Weise zu analysieren weiß, um tiefer in meine Seele und mein Herz vorzudringen, und das ist nun einmal eine Frau.

Eine Frau versteht es wie kein anderer, unsere Gefühle aus uns herauszulocken, aber auch mit unseren Ängsten umzugehen.

Das andere Geschlecht sagt doch immer von uns Männern, wir würden nie richtig zuhören, genauso

verhält es sich auch zwischen den Männern untereinander, nur dass es keinen daran stört, also ist es doch ganz offensichtlich, dass eine Frau eine bessere Zuhörerin ist als selbst der beste Freund. Der Mann ist so veranlagt, dass er seine Probleme gerne stets selber löst und seine inneren Gefühle für sich behält, deshalb macht er sich auch nur kurze Gedanken über das Leid eines anderen, Frauen jedoch lässt es keine Ruhe, sie können Tage, ja sogar wochenlang, über Probleme und ihre Lösungen nachdenken, sie machen sich mehr Sorgen über ihre Mitmenschen als um sich selber. In 50 % der Probleme der Menschen handelt es sich um Liebesangelegenheiten, das heißt also Probleme mit dem anderen Geschlecht. Da scheint es mir nur logisch zu sein, wenn man diese mit genau jenen Personen bespricht, die das Problem betreffen. Männer haben Sorgen mit Frauen, also sollten sie auch mit Frauen reden und umgekehrt, natürlich auch, denn nur so lernt man die Psyche des anderen Geschlechts besser kennen.
Frauen entwickeln auch viel schneller eine vertraute Bindung zu einem fremden Menschen, als das Männer tun, sie gehen offener auf einen zu. Ich habe schon so viele Male erlebt, wie Frauen, die ich erst kurze Zeit kannte, vielleicht sogar erst

zum zweiten Mal gesehen habe, mir ihr halbes Leben offenbart haben. Gewiss hat das auch mit einer vertrauenserweckenden Ausstrahlung eines jeden Einzelnen zu tun, aber auch damit, dass sich Frauen gerne öffnen, wahrscheinlich haben auch sie nur wenige Menschen, Freunde oder Bekannte, mit denen sie sich einmal richtig unterhalten können und wie sagt ein Sprichwort so schön: "Ein Mann ein Wort, eine Frau ein Wörterbuch", doch genau so intensiv wie sie redet, kann sie zuhören, das darf man(n) nie vergessen!

Ich habe eines Tages so ganz beiläufig mit einer guten und sehr herzlichen Bekannten über meine Sorgen geredet, sie hatte zwar nicht viel Zeit, da sie bei der Arbeit war, doch sie hörte mir intensiv zu und als ich spät abends noch wach im Bett lag, bekam ich von ihr eine SMS auf mein Handy. Sie schrieb mir, dass sie mich sehr gut verstehen würde, dass ich jederzeit mit ihr reden könne und das sie mir zuhören würde und ob sie mir irgendwie helfen könne. Ich war über diese Mitteilung dermaßen überfordert. Einerseits war ich es immer gewohnt, meine Probleme selber zu lösen, und nun wollte mir jemand auf die herzlichste Art, die ich je erleben durfte, helfen. Zum anderen war ich so überrascht, dass sie sich immer noch Gedanken darüber machte, wie es mir gehe.

Wie sehr man sich auch anstrengen mag, es ist nun einmal so, dass nur Menschen, die das gleiche mitmachen und durchstehen mussten, mitfühlen können, was den anderen bewegt und bedrückt. Genauso ist es auch bei mir, die besten Gesprächspartner und die verständnisvollsten Menschen, die ich kenne, sind alles geschiedene alleinstehende Frauen mit Kindern, teils schon erwachsen und teils noch Teenager.

Haben Sie als Mann keine Hemmungen mit Frauen über Ihre Gefühle oder Sorgen zu reden, haben Sie keine Vorurteile, Frauen könnten uns nicht verstehen und überwinden Sie Ihren Stolz, sich helfen zu lassen. Gewiss kommt irgendwann die Zeit, da sie dieser Person eine Hilfe, eine Stütze sein können und sie sich ganz auf Sie verlassen kann, dann ist die Natur wieder im Gleichgewicht, dann werden wir Männer wieder gebraucht.

Beobachten Sie sich einmal selber, wenn Sie mit einem anderen Mann über Ihre Sorgen reden, Sie unterdrücken Ihre Gefühle, da sie befürchten, von ihrem Gegenüber für schwach und weich gehalten zu werden, dass man Sie auslacht und für weibisch hält. Wir sind dazu verdammt, immer den starken

Mann zu markieren, wer über Gefühle spricht, ist schwach, wer weint ist schwach, wer Hilfe sucht, ist unselbstständig, doch das ist alles völliger Unsinn!

Ich selber rede hier von Unsinn, obwohl ich kein bisschen besser bin als die anderen Männer.

Dabei erinnere ich mich immer wieder gerne an das Buch mit dem Titel "Männer sind anders. Frauen auch.", in dem es heißt, dass das Wichtigste, was ein Mann braucht, zwei Dinge sind, und zwar ein Handwerkerhelm und eine Höhle. Immer wenn ein Problem besteht, ob ein eigenes oder das eines anderen Menschen, so zieht er sich den Helm an und muss sofort eine Lösung zusammenbasteln und wenn er einmal nicht weiterkommt oder emotionale Sorgen hat, verkriecht er sich in seine Höhle.

Genau dieses Verhalten legen wir Männer an den Tag, wir lassen nichts und niemanden an uns heran, genau dann ist das Wichtigste, was wir brauchen, ein guter Freund und nicht etwa jemand, der auch eine eigene Höhle hat, nein jemand, der vor der Höhle wartet und einen dann in den Arm nimmt und einem sagt, es wird schon gut, und das kann nun einmal nur eine Frau!

Wir Männer vergessen gerne einmal etwas, vor

allem, wenn es für uns nicht so sehr von Bedeutung ist, es liegt nun einmal in der Natur, dass wir vergesslicher sind als das weibliche Geschlecht. So kommt es immer wieder vor, dass man untereinander sagt, man melde sich wieder, doch die Realität sieht dann ganz anders aus. Wir sind viel zu beschäftigt, werden abgelenkt, halten es nicht für wichtig oder schieben es einfach immer vor uns her und ups ... schon ist ein Jahr vergangen!

Frauen vergessen nicht so schnell, sie sind es schlussendlich, die uns immer daran mahnen, uns bei den anderen wieder einmal zu melden oder, was wir alle zur Genüge kennen, wenn uns unserer Partnerin noch nach Jahren einen schon längst vergessenen Fehler vorhält. Ein weiblicher Freund steht zu seinem Wort und meldet sich wirklich regelmäßig wieder.

Ich denke, für jeden von uns, ob nun Mann oder Frau, ist es wichtig, nicht in Vergessenheit zu geraten, für mich ist es auf jeden Fall das Wichtigste überhaupt und daher habe ich auch die größte Angst davor.

Wie ich stets zu sagen pflege, selbst ein Toter kann in den Herzen oder in den Gedanken eines oder mehrerer Menschen weiterleben, wird man jedoch

schon zu Lebzeiten vergessen, so ist man
schneller, als man denkt, tot!
Sie sehen also, eine Frau als Freund bietet alle
Vorzüge, die man sich denkt, ich fühle mich sicher
und geborgen!

## Kapitel 21

## Problemfall: Beziehung

Ich habe Ihnen nun seitenweise Tipps gegeben, wie Sie die Liebe Ihres Lebens erobern, doch ich habe wirklich wenige Worte darüber verloren, was zu tun ist, wenn sich ein Riss in diese Beziehung einschleicht. Das ist ja eigentlich auch nicht meine Aufgabe, dafür sind dann wirkliche Spezialisten zuständig.

Lassen Sie mich einfach so viel dazu sagen, dass Sie jemals eine Frau ansprechen können, garantiere ich Ihnen, dass Sie die Frau Ihres Lebens finden, garantiere ich Ihnen auch, aber dass Sie diese Zeit der Zweisamkeit problemlos verbringen, kann ich Ihnen nicht versprechen. Streit, Unstimmigkeiten, Meinungsverschiedenheiten oder Diskussionen gehören nun einfach dazu, dadurch wächst die Beziehung. Mit jeder erfolgreichen Bewältigung einer dieser Situationen wachsen Sie beide mehr zusammen, Sie werden stärker und Sie wissen beide, dass Sie sich ganz und gar auf den anderen verlassen können, ohne befürchten zu müssen, dass der Partner bei jeder kleinen Auseinandersetzung Reißaus nimmt.

Ich habe diese Seiten über einen Zeitraum von mehreren Jahren geschrieben, habe in dieser Zeit so viel gelernt und erlebt, doch dies ist nur ein Bruchteil dessen, was uns das ganze Leben lehrt, ich lerne Tag für Tag immer wieder dazu. Ich musste auch diese Lektion lernen, dass nichts für ewig ist, so sehr man sich auch immer anstrengen mag, es gehören, wie man weiß, stets zwei dazu. Es gibt nichts Schlimmeres, als dass man sich über einen längeren Zeitraum die größte Mühe gibt, versucht den anderen zu verstehen, mit ihr zu fühlen, Geduld aufzubringen, für alles zu kämpfen und nie aufzugeben und dann wird man auf die Wartebank gesetzt. Auch das nimmt man aus Verständnis in Kauf, doch die Wartebank wird immer staubiger und ehe man sich versieht, geht man vergessen. Man wird einfach vergessen, man ist unwichtig geworden, man wird nicht mehr gebraucht!

Dazu fallen mir immer wieder die Worte eines Philosophen ein: "Schlimmer als der Tod selbst ist es, nicht mehr gebraucht zu werden."

Mit jeder neuen Bekanntschaft, durch jedes

Gespräch mit Frauen habe ich ein bisschen dazu gelernt und habe das Wissen natürlich auch im Leben angewandt. Im Bestreben, ein idealer Mann für die Frauenwelt zu werden, als Zeichen, dass es auch andere Männer gibt, bin ich von der anderen Spezies enttäuscht worden. Man(n) kann es dem weiblichen Geschlecht nie recht machen, auch dann nicht, wenn man keine Fehler macht, denn dann muss man schmerzlich erfahren, dass man einfach zu gut für sie ist und sie nicht gut genug ist.

Doch geben Sie nie auf, nicht, wenn Sie glauben, sie liebe Sie nicht mehr, nicht, wenn Sie glauben sie hätte einen anderen, nicht, wenn Sie die ganze Zeit streiten, nicht, wenn Sie sich auseinanderleben, geben Sie nie auf, auch wenn Sie keine Kraft mehr haben, nicht, weil Sie zu stolz sind oder Ihrer Gefühle nicht mehr so sicher sind. Selbst wenn Sie Zweifel, Angst oder Schwäche übermannt, geben Sie nie auf, um das zu kämpfen, was Sie lieben, an das, was Sie glauben, an die Zukunft, Hoffnung und Glück. Es gibt nichts Schöneres, als einen lieben Menschen an seiner Seite zu haben, der einen auf seinem Weg des Lebens begleitet, dieser Mensch ist es wert darum zu kämpfen! Ein guter Freund hat mich einmal belehrt, dass das, was ich kämpfen und anstrengen nenne und eines Tages aufgebe und nicht mehr die nötige Energie aufbringe, nur ein kleiner Bruchteil dessen ist, was wirklich kämpfen heißt. Mit anderen Worten, was wir auch immer für Anstrengungen unternehmen, es ist immer zu wenig.

Seien Sie dieser Ritter von dem ich geschrieben habe, ein Kämpfer, der niemals aufgibt und nach jedem Streich wieder aufsteht und weitermacht. Sonst treffen Sie Ihre aufgegebene Liebe irgendeines Tages wieder, Sie sehen sie an und Sie denken reumütig, warum habe ich diese Frau nur losgelassen, warum habe ich nicht um sie gekämpft?

Was hat dies nun auf meine Erkenntnis für einen Einfluss? Ich musste merken, dass es kein Rezept, keine Regel, keine Lösung, nicht einmal alle Erfahrungen dieser Welt gibt, um eine perfekte Beziehung zu führen.

## Kapitel 22

## Noch ein Wort zur Selbstkritik des Mannes

Schon seit Bestehen des Menschen hat der Mann immer dominiert oder zumindest hat er es gedacht. Stets hat er geherrscht und war stärker und wollte immer alles für sich haben, so war es bei den Steinzeitmenschen und so ist es auch heute noch. Wir Männer haben das Gefühl, wir hätten die Welt für uns gepachtet, sind anmaßend und vorurteilhaft gegenüber dem anderen Geschlecht.

Bei den Neandertalern mussten die Männer auf die Jagd gehen und die anderen ernähren, dieses Naturgesetzt zieht sich über Millionen von Jahren durch, so sind wir auch heute noch zum größten Teil dazu bestimmt, unsere Familie, also unsere Kinder und unsere Frau, zu ernähren und für sie zu sorgen.

Doch ist diese Aussage wirklich wahr, sind wir vom Geschlecht Mann immer noch die dominierende Rasse und kann die Frau von heute nicht für sich selber oder gar für ihre Kinder selbst sorgen?

Haben wir tatsächlich dieses Recht, jede Frau auch in der jetzigen Gesellschaft als Wild anzusehen? Mit Sicherheit nicht, jede Frau leistet heutzutage genauso viel wie ein Mann, wenn nicht sogar mehr. Sei es nun bei der Arbeit oder im privaten Bereich, sie können uns durchaus das Wasser reichen, mit Ausnahme vielleicht der körperlichen Leistung, da wir von Natur aus etwas anders gebaut sind, was uns aber keineswegs zu der besseren Gattung macht!

Wenn ich so durch die Straßen gehe oder in einem Café sitze und eine Frau, hübsch und gut gebaut, vorbeigeht, sehe ich die meisten Männer ihr nachsehen und mit Sicherheit denkt keiner dieser Männer dabei, wie es wohl wäre, mit ihr eine gemütliche Partie Schach zu spielen.

Es ist wohl eher der sexuelle Trieb, der leider immer noch in jedem von uns steckt, bei den einen etwas stärker, bei den anderen schwächer, und doch widert mich dieses Verhalten dermaßen an. Ich bin sicher kein Feminist und war wohl früher kein Stück besser, im Gegenteil ich war noch viel schlimmer als jeder von diesen Spannern.

Heute sehe ich alles mit anderen Augen, ich habe gelernt, die Frau zu akzeptieren und als gleichwertiges Wesen zu respektieren. Genau wie

wir haben sie Fehler und Stärken, genau wie wir
arbeiten sie hart und lange, genau wie wir
verdienen sie ihr eigenes Geld und genau wie wir
haben sie Führungsqualitäten.

Mit einer Ausnahme, dieses kleine Hormon, das
uns Männer immer noch nicht vom Tier
unterscheiden lässt und uns glauben lässt, dass das
andere Geschlecht eine Trophäe ist, die wir erlegen
müssten, um uns selber immer wieder von Neuem
zu beweisen. Da sind uns die Frauen schon einiges
voraus.

Zurück zu der Situation, wenn Männer den
scharfen Kurven nachstarren. Sicher haben Sie bei
sich gelacht, als ich vorhin das mit der Partie
Schach erwähnte, doch ist das wirklich so
abwegig?

Spielen sie diesen Gedanken einmal weiter, würde
Sie nicht auch interessieren, wie intellektuell diese
Person ist, was sie gerne tut, wie sie aussehen
würde mit einem Lächeln im Gesicht, könnte ich
mir sie als Mutter vorstellen?

Nun zu unserer Verteidigung ist zu sagen, es
scheint nicht verwunderlich zu sein, dass in den
meisten Männern solche schmutzigen Gedanken
aufkommen, wenn man sich betrachtet, wie die
meisten Frauen zurzeit herumlaufen, alles muss

hauteng und figurbetont sein und am besten so wenig Stoff wie möglich, eben völlig weiblich! Provoziert nicht das andere Geschlecht eine solche Reaktion, genießt es nicht die Blicke und die Macht über das vermeintlich stärkere Geschlecht? Ich kann mich noch gut daran erinnern, wenn ich einmal eine Frau erobert habe und damit groß geprahlt habe, jedoch ist keinesfalls etwas Heldenhaftes daran, eine Frau zu belügen und ihr falsche Hoffnungen zu geben, nur um eine mehr auf seiner Abschussliste zu streichen.

Irgendwann dreht sich der Spieß um und dann sind wir auf einmal das gejagte Wild und werden nach Erlegung einfach wieder fallengelassen, also sollten Sie sich stets in die Frau versetzen und sich überlegen, wie Sie sich dabei fühlen würden.

Immer wenn ich mitbekomme, wie solch eine Frau mit lechzenden Blicken angestarrt wird und ich förmlich die Gedanken der anderen hören kann, tut sie mir unendlich leid und ich schäme mich für unser Geschlecht, ich hätte am liebsten Lust, auf jeden zuzugehen und ihn zurechtzuweisen.

An und ab kommt manchmal ein Wesen vorbei, das auch ich nur aus einem optischen Winkel betrachte, ein Wesen, das so perfekt gebaut ist, dass es mir fast den Atem raubt. Enganliegende

Hosen, einen knackigen Po, schöne Haare, perfekte Schuhe mit dem makellosen Gang dazu und natürlich auch ein hübsches Gesicht mit einer unwahrscheinlichen Ausstrahlung.

Und dann erwecken selbst in mir Vorstellungen, die nicht seriöser Art sind, man gibt sich ganz seinen Träumen hin.

Aber schlussendlich wache ich aus dem Traum auf und frage mich, was haben wir von dieser Vorstellung, selbst wenn sie Realität werden würde, es würde uns doch nur den sexuellen Trieb befriedigen. Wir sind nun einmal so, dass wir uns bei der nächsten anziehenden Frau wieder gleich verhalten und bei der nächsten wieder und wieder, unterscheiden wir uns da noch vom Tier?

Doch der Wunsch nach einer Welt der Gleichberechtigung ist wohl noch erlaubt, oder? Immer öfter habe ich dann das Verlangen, mich bei all diesen Frauen zu entschuldigen, dafür, dass wir sie nur als ein Opfer ansehen, als ein Sexobjekt, als ein schwächeres erniedrigendes Wesen.

Es ist mir klar, nicht alle Männer sind so und leider leiden auch wir unter dem Vorurteil der Frauen, dass wir alle sexgesteuerte Machos sind, dabei gibt es noch so viele andere Typen, ich habe mich selbst stets eher als Charmeur gesehen.

Dies bin ich auch heute noch, doch nicht auf eine schleimige, herablassende Art und Weise, ich lerne dadurch eher von den Menschen, was sie dabei empfinden oder wie sie reagieren, was ihnen gefällt und was ihnen missfällt.

Ich bin heute der Ansicht, nur wer seinen Partner wirklich verstehen kann, seine Gefühle erkennt, seine Wünsche und Ängste kennt, nur so jemand kann von Liebe sprechen.

Für diese unendlich große Erkenntnis und doch so kleinen Schritt musste ich jedoch einen hohen Preis bezahlen!

*Kapitel 23*

## **Die Kehrseite der Medaille**

Doch wie bei einem Märchen hat alles Gute auch seinen Preis, seine schlechten Seiten, wie die Sonne auch Schatten wirft. Heute stehe ich vor einem Scherbenhaufen meiner Ehe und meines Daseins als glücklicher Familienvater. Was nützt es mir, Frauen zu betören, sie ansprechen zu können, wie es nur wenige andere können: ohne Hemmungen, ohne Zurückhaltung, und das mit einer gehörigen Portion Erfolg.

Ich bin in der glücklichen Lage, fremde Frauen einfach zu küssen, ja sogar anzufassen, ohne dafür zur Rechenschaft gezogen zu werden, nein, im Gegenteil, selbst das andere Geschlecht begrüßt diese Reaktionen. Doch was habe ich nun von alldem, kann ich mir davon etwas kaufen, bin ich jetzt etwa ein coolerer, stärkerer oder schönerer Mann als manch ein anderer?

Kann und darf ich deswegen wirklich stolz auf mich sein?

Nein, diese ganzen Erfahrungen, all das Wissen

hatte einen zu hohen Preis ...

Ich bin zu weit gegangen bei dem Erstreben, ein perfekter Charmeur zu werden. Ich ging zu weit, weil ich einen sinnlosen Traum, diesen Traum, den eigentlich jeder Mann irgendwann hat oder hatte, erfüllen wollte, ohne jemals nur einen Moment lang an die Konsequenzen zu denken, wen ich damit am meisten verletzen würde und was ich am Ende unter dem Strich tatsächlich noch habe, nämlich NICHTS!

Denken Sie also immer daran und gebrauchen Sie dieses Buch wie eine Wunderlampe, es kann Ihnen viele Türen öffnen, doch jeder Wunsch sollte sorgfältig bedacht sein.

Es stimmt eben schon, was man sagt, sei stets mit dem, was du hast zufrieden, seien Sie glücklich mit Ihrer jetzigen Partnerin, auch wenn sie zuweilen stresst, nervt, streitet oder über alle Maßen eifersüchtig ist. Sie werden kaum etwas Besseres finden als Ihre eigene Frau/Freundin, die jahrelang an Ihrer Seite war und blieb, die Sie liebt und Ihnen treu bleibt, während Sie noch immer davon träumen, ein Frauenheld zu sein.

Seien Sie ehrlich mit sich selbst, sie hat Ihnen schon manchen Fehler vergeben, mehr als Sie ihr, und sie wird es auch weiterhin tun, wenn Sie dieses zarte Geschöpf anständig, wie sie es verdient, behandeln.

Denken Sie nicht an schlechte Zeiten oder daran, was besser sein könnte als dieser Augenblick, bereinigen Sie umgehend jeden Streit, lernen Sie zu verzeihen und nachzugeben, denn eines Tages werden Sie es mit Bestimmtheit bereuen. Kämpfen sie jeden Tag aufs Neue um ihre Liebe, so als wäre es das erste Mal, vollbringen Sie verrückte Sachen, zeigen Sie Mut und wagen Sie das Unmögliche. Machen Sie sich ruhig auch einmal lächerlich oder seien Sie ein wenig unbeholfen und tollpatschig, das offenbart Ihre wichtigste Seite, die Menschlichkeit.

Mir hat einmal jemand gesagt, es sei immer ein Nehmen und ein Geben, und das kann ich nur unterstreichen, gehen Sie hin und wieder aus sich heraus und seien Sie ein kleines bisschen romantischer, dafür bekommen Sie auch wieder etwas zurück.

Ich weiß, bei alldem denken Sie sich sicher, was redet der da für einen Unsinn, woher will er das alles wissen und weshalb sollte gerade der die Frauen so gut verstehen wollen? Nun ich hatte sehr viele Beziehungen, habe unzählige Male geflirtet, treffe tagtäglich bezaubernde Frauen, ich habe wenige glücklich gemacht, habe viele betrogen und verletzt und glauben Sie mir, ich bin überhaupt nicht stolz auf das, was ich getan habe. Ich erinnere mich an alles, an alles Gute, aber auch an all das Schlechte, lasse es mir immer wieder durch den Kopf gehen und denke darüber nach. Nicht, wie sehr ich jetzt verlassen bin, wieso sie das getan hat, wie verletzt ich bin oder ob sie fair zu mir war, ich denke vielmehr darüber nach, was ICH falsch gemacht habe, wie ich SIE verletzt habe und ob ich je gerecht gehandelt habe.

Ich musste erkennen, dass die Fehler bei den meisten Fällen bei mir lagen!

ICH hätte nachgeben sollen, hätte zuerst mich ändern sollen und meine Einstellungen neu überdenken müssen!

In der Bibel unter den Sprichwörtern gibt es eine sehr imposante Stelle zu lesen:

ACHTE, MEIN SOHN, AUF DAS GEBOT
DEINES VATERS,
MISSACHTE NICHT DIE LEHRE DEINER
MUTTER!
BINDE SIE DIR FÜR IMMER AUFS HERZ
UND WINDE SIE DIR UM DEN HALS!

WENN DU GEHST, GELEITET SIE DICH,
WENN DU RUHST, BEHÜTET SIE DICH,
BEIM ERWACHEN REDET SIE MIT DIR.
DENN EINE LEUCHTE IST DAS GEBOT
UND DIE LEHRE EIN LICHT, EIN WEG ZUM
LEBEN SIND MAHNUNG UND ZUCHT.
SIE BEWAHREN DICH VOR DER FRAU DES
NÄCHSTEN,
VOR DER GLATTEN ZUNGE DER FREMDEN.
BEGEHRE NICHT IN DEINEM HERZEN IHRE
SCHÖNHEIT,
LASS DICH NICHT FANGEN DURCH IHRE
WIMPERN!
EINER DIRNE ZAHLT MAN BIS ZU EINEM
LAIB BROT,
DIE FRAU EINES ANDERN JAGT DIR DAS
LEBEN AB.
TRÄGT MAN DENN FEUER IN SEINEM
GEWAND,
OHNE DASS DIE KLEIDER IN BRAND
GERATEN?
KANN MAN ÜBER GLÜHENDE KOHLEN
SCHREITEN,
OHNE SICH DIE FÜSSE ZU VERBRENNEN?
SO IST ES MIT DEM, DER ZUR FRAU SEINES
NÄCHSTEN GEHT.

KEINER BLEIBT UNGESTRAFT, DER SIE BERÜHRT.[1]
WER EHEBRUCH TREIBT, IST OHNE VERSTAND,
NUR WER SICH SELBST VERNICHTEN WILL,
LÄSST SICH DARAUF EIN.[2]
ACHTE AUF MEINE GEBOTE, DAMIT DU AM LEBEN BLEIBST,
HÜTE MEINE LEHRE WIE DEINEN AUGAPFEL!
BINDE SIE DIR AN DIE FINGER,
SCHREIB SIE AUF DIE TAFEL DEINES HERZENS![3]

Was das zu bedeuten hat, ist einfach gesagt: Hände weg von einer Frau, die verheiratet oder vergeben ist. Sie zerstören damit nicht nur Ihr eigenes Leben, sondern auch das zweier Menschen, die bis dahin glücklich waren und anders herum trachten Sie nie nach etwas Besserem, haben Sie das große

---

[1] Die Bibel. Das Buch der Sprichwörter, Spruch 6,20-6,29.
[2] Ebenda, Spruch 6,32.
[3] Ebenda, Spruch 7,2-7,3.

Glück gefunden, dann lassen Sie es um Himmels willen nie wieder los, auch wenn Sie hin und wieder das Gefühl haben, es könnte irgendwo da draußen in der Welt eine Frau geben, die Sie mehr lieben ...

Vergessen Sie dies!

Hüten sie Ihre Liebe wie einen Schatz, erfreuen Sie sich jeden Tag aufs Neue daran, wie an einem Regenbogen, kämpfen Sie darum, als wäre sie der letzte Tropfen Wasser in der Wüste, halten Sie das Glück fest und gleichzeitig ganz sacht wie einen Schmetterling in Ihrer Hand und schätzen Sie es wie das Essen, das Sie jeden Tag bekommen und das Sie am Leben hält.

Das Sprichwort "Man weiß erst, was man hatte, wenn man es nicht mehr hat" kommt nicht von ungefähr.

Ja, es ist ein schönes Gefühl, zu wissen, dass man noch attraktiv auf das weibliche Geschlecht wirkt, dass man es noch drauf hat, um eine Frau zu werben und ihr den Kopf verdrehen zu verstehen weiß. Eines Tages jedoch stehen Sie auf und all das zählt für Sie nun nichts mehr. Was nützen tausende von Kupfermünzen, wenn Sie eine Goldmünze haben können und genau diese ist tausendmal mehr wert als alle anderen zusammen.

Leider haben Sie den Fehler begangen und haben
die Goldmünze unter die Wertlosen gemischt und
nun finden Sie sie nicht wieder. Legen Sie
deswegen stets diese Kostbarkeit an einen
separaten Ort, weit weg von den anderen.
Glauben Sie nie, dass ich zu beneiden wäre! Ich
kann jede Frau auf der Stelle ansprechen, ohne rot
dabei zu werden, ohne mich zu blamieren oder
mich beleidigen zu lassen und ich habe schon die
verrücktesten Sachen gemacht, die nur wenige tun
würden, um eine Frau zu bezirzen.
Irgendwann eines Tages werden auch Sie merken,
dass kein Meister vom Himmel gefallen ist und
auch nicht davor bewahrt wird, einen Fehler zu
machen!
Jeder macht Fehler und jeder kann verletzt,
gekränkt oder enttäuscht werden, jeder kann Regen
oder Sonnenschein, Pech oder Glück, Hoffnung
oder Verzweiflung bringen … man sollte einfach
nie vergessen, wann es Zeit ist aufzugeben …

Lebe wohl mein halbes Leben, heute geben wir
uns frei,
Lebe wohl mein Herz, wir scheiden, doch leiden
nicht dabei.
Was wir uns versprachen, hält nicht, doch fällt

nicht ins Gewicht,
unsere Träume tragen Trauer, aber sauer sind wir
nicht.

Lebe wohl mein halbes Leben, unsere Gräben sind
zu tief,
also leg das Glück, das wir nicht packten, zu den
Akten ins Archiv.

Unser Glück war unvereinbar und der Schein war
trügerisch,
im Lokal der Glücksgefühle stehen die Stühle auf
dem Tisch.

Lass uns gute Freunde bleiben, uns besuchen und
Briefe schreiben
und nicht zu weit auseinandertreiben.

Träume, die im Trüben fischen, sind inzwischen
ausgeträumt
und den Saft der großen Liebe haben Diebe
ausgeräumt.

Lebe wohl mein halbes Leben,
lass uns immer Hilfe geben,

wenn das Herz um Hilfe schreit,
bis zum Abend unserer Zeit!

Herstellung und Verlag:
BoD – Books on Demand, Norderstedt
ISBN 978-3-8482-1464-8